Verrückt nach Friesland

KAREN CHRISTIANSEN

Verrückt nach Friesland

Bibliografische Information der Deutschen Nationalbibliothek:
Die Deutsche Nationalbibliothek verzeichnet diese Publikation in der
Deutschen Nationalbibliografie;
detaillierte bibliografische Daten sind im Internet über
http://dnb.d-nb.de abrufbar.

© 2017 Karen Christiansen
Illustrationen: Willy Dicke
Satz, Umschlaggestaltung, Herstellung und Verlag: BoD- Books on
Demand
ISBN: 978-3-7448-4139-9

Inhalt

Herzlich willkommen!

Waren Sie schon einmal in Friesland? Zufällig? Oder mit voller Absicht? Da, wo der Deich anfängt und die bewohnte Welt zu Ende ist? Daran müssten Sie sich eigentlich erinnern – nach ein paar Schritten haben Sie im Wasser gestanden. Oder im Schlick. Dann war Ebbe.

Eine herrliche Gegend – so breit und flach wie die Aussprache der Eingeborenen. Wurden Sie noch um Mitternacht mit »Moin« gegrüßt? Hat es geregnet? War Wind? Oder konnten Sie wegen des Nebels nichts sehen?

Ich merke schon: Sie kennen sich aus!

Natürlich ist es bei uns ein wenig gewöhnungsbedürftig. Besonders auf dem Dorf merkt man schnell, dass hier die Wiege des Ostfriesenwitzes schaukelt. Bis vor ein paar Jahren dachte ich selbst noch, dass »Land« das ist, wo man ganz schnell durchfährt, um an den Strand zu kommen. Nun wohne ich mittendrin. Und ja, ich bin aus *Liebe* hierher gezogen – das war kein amtliches Projekt zur Auffrischung des Genpools!

Reden wir nicht vom Kulturschock. Der ist inklusive. Praktisch im Gesamtpaket mit drin. Jeden Tag wieder. Chronisch, sozusagen. Das ist so ähnlich wie beim Dschungelcamp.

Auch, wenn Sie es nicht zugeben wollen – statistisch gesehen haben auch *Sie* das schon mindestens einmal im Fernsehen geguckt. Oder davon gehört. Im besten Fall darüber gelesen. Was für eine Warmduscher-Kuschel-Show! Gegrillte Insekten zum perfekten Dinner, zwischendurch ein bisschen im Matsch rumtoben und eingeschränkter Kontakt zur Außenwelt als schlimmste aller sozialen Härten? Falls Sie sich mal in einem sehr speziellen Trainingslager auf die schwerste aller Dschungelprüfungen ever vorbereiten wollen, sind Sie hiermit ausdrücklich nach Friesland eingeladen. Bei uns können Sie stundenlang nach Herzenslust auf der Suche nach fremdgegangenen Wiederkäuern über den frisch gegüllten Acker hoppeln. Zu sämtlichen Mahlzeiten gibt es täglich reichlich fettes Fleisch und exotische Gemüsesorten wie Grünkohl und Bohnen. Glauben Sie mir: Nicht das Hungern ist das Problem, sondern das Aufessen. Irgendwann werden Sie feststellen, dass genau an einer Stelle am Deich das Handynetz funktioniert – die Ernüchterung, dass Sie am anderen Ende des Satelliten wegen der dauernden Windgeräusche kein Mensch versteht, trifft Sie bestimmt genau so hart wie die Erkenntnis, dass das Pizzataxi nicht bis an unser Ende der Welt liefert.

Im Dschungel mag es ja ganz nett sein – aber »Überleben in FRIESLAND« ist die wahrscheinlich letzte ultimative Herausforderung!

Moin!

Ja, das ist unser vielzitierter Ganztags-Gruß! Natürlich wünschen wir damit nicht nur ganz profan einen »Guten Tag« (»moin Dag«), sondern legen gleich eine vielfältige soziale und situationsbezogene Abstufung mitten hinein.

Man kann es flöten, grunzen, grölen oder knurren. Die Angestellten einer unserer regionalen Bäckereiketten, die mit knallharter militanter Freundlichkeit wirbt, trällern allen Kunden zum Beispiel ein derart engagiertes »Moin« über mindestens zwei Oktaven entgegen, dass alle Hunde in der Umgebung die Ohren spitzen. Aber *das* muss man morgens um sechs erst mal abkönnen!

Ganz wichtig – die Anzahl der Vokale bestimmt den Grad der Höflichkeit.

Also »Moin!« (weniger geht nicht), wenn man einen Termin im Finanzamt hat. Sicher ist sicher – man weiß ja nicht, was die wollen. Oder doch: meistens Geld.

»Mooohoin!« heißt es beim Betreten eines Geschäftes, der Arztpraxis oder beim Zurück-Grüßen eines Menschen, an dessen Namen man sich ums Verrecken nicht erinnern kann.

»Moooohooooin!« drückt unbändige Freude über ein zwischenmenschliches Zusammentreffen aus und signalisiert explizit die Bereitschaft, sofort und auf der Stelle ein längeres Gespräch über Gott, die Welt und das Liebesleben des Postboten zu führen.

»Moinsen« gilt als Plural-Version zum Grüßen einer mehrköpfigen Menschenmenge.

Bitte achten Sie auf Länge und Tonumfang des Ihnen als Gast entgegengebrachten »Moin«.

War es wirklich nur »Moin«? Tja – schade aber auch – hier lautet der Subtext oft: »Die Ferienwohnung ist bis zum nächsten Jahr schon dreifach überbucht und beim Nachbarn ist auch nix mehr frei!« (*das* nenne ich Sprach-Effizienz!)

Klang es eher wie »Mooohoin«? Gut so! Kommen Sie ruhig rein, Ihre Hütte ist selbstverständlich bezugsfertig – und wenn Sie nun hier noch fix die Kurtaxe in bar bezahlen wollen, steht Ihnen bis zum Horizont nur noch der Deich im Weg.

»Moooohooooin!« Herzlichen Glückwunsch – Sie haben den höchsten Level friesischer Gastfreundschaft erreicht. Setzen Sie sich hin, trinken Sie einen Tee mit – und dann erzählen Sie mal! Im Gegenzug werden Sie über die Genealogie der gesamten Gemeinde, die besten Angebote im SPAR-Markt und die einzig wahre Art, Grünkohl zu kochen, aufgeklärt.

Bedenken Sie, dass jedes »Moin« in gleicher Länge und Intensität zurückgegeben werden sollte, weil man sonst leicht als unhöflich rüberkommt. Unhöflich ist schlimmer als ungewaschen und zieht sofortige soziale Ächtung nach sich.

Einzige Ausnahme: »Mooohooooin« dürfen Sie nur mit »Moin« beantworten, wenn Ihnen Ihr Gegenüber Geld schuldet.

Alles klar soweit? Na ja, Sie können es ja üben.

... grüß oder stirb!

In der Kategorie »Dinge, die dringend mal erfunden werden müssten« steht bei mir die Moin-Maschine ganz oben in den Top-Charts.

Nein, ich weiß nicht, wie so ein Gerät am sinnvollsten aussehen sollte. Vielleicht täte es ja auch 'ne App oder irgendwas MP3-fähiges. Nicht, dass mir das Kommunikationsbedürfnis der Eingeborenen fremd wäre. Es nervt mich auch nicht. Meistens. Aber manchmal ist es eben ein »Moin« zu viel.

Grüßen ist Volkssport am Deich. Historisch begründet, allemal. Wenn es nur das kurze, knappe »Hallo«-Moin wäre, könnte ich stundenlang mitmachen.

Tu ich wahrscheinlich auch – ich bin schrecklich kurzsichtig und kann mir nicht mal mit einer geladenen Pumpgun am Kopf Leute merken. Deshalb moine ich lieber ein paar Mal öfter. Besser isses. Bei uns am Deich gibt's da so 'ne lebensgroße, künstlerisch wertvolle Statue (so ähnlich wie ein Standbild, nur dass der Typ sitzt) – also, wie oft ich die schon gegrüßt habe, mag ich gar nicht sagen.

Aber meistens trifft einen im täglichen Landleben das »Mooohoooin«, das durch seine Mehrsilbigkeit eine ausdrückliche Gesprächseinleitung signalisiert.

Ein »Moin« kommt nie allein! Nur manchmal passt es eben nicht in den Zeitplan. Mal eben schnell mit dem Rad an'n Deich, um die Mittagssonne zu genießen? Dreimal »Mooohoooin« – und es ist dunkel!

Ganz gefährlich ist es im Vorgarten, wenn man eigentlich nur mal kurz unter der Hecke Staub wischen will.

Dort herrscht praktisch öffentlicher Dauer-»Mooohoooin«-Beschuss – und man kann, wenn man mit den paar Metern fertig ist, gleich wieder von vorn anfangen, weil inzwischen die Unkrautvegetation saisonal gewechselt hat.

»Mooohoooin« im Supermarkt? Der Zeitverlust ist nicht mal durch illegales Nutzen der Schnellkasse aufholbar!

Deshalb plädiere ich für die Erfindung der Moin-Maschine. Gern mit variablen Textbausteinen und Random-Funktion. »Zum Deich!«, »Zur Arbeit!«, »Nach Hause!«, »Danke, gut!« und »Grüß schön!« wären akzeptable Grundformulierungen. (Keinesfalls empfehlenswert: »Und selbst?«)

Vielleicht könnte man ja später situationsbezogene Wortschatzerweiterungen dazu buchen, wenn man erst mal mit dem maschinellen Grüßen in der Basisvariante klargekommen ist.

Und schon lebt der Mythos vom schweigsamen, wortkargen Friesen wieder auf – in zeitgemäßer »2.0-Hightech-Version«. (Upgrade jederzeit möglich)

Ganz unter uns:
Gerade hatte ich beim Fotografieren auf dem Deich eine Begegnung der äußerst seltsamen Art. Mitten aus dem nebeligen Nichts bricht ein versprengtes Touristen-Rudel

in meine meditative Ruhe und fragt äußerst schwer verständlich, was ich denn hier so mache. Tja. War das nun geografisch, sozial oder metaphysisch gemeint? Lange darüber nachdenken will ich aus Höflichkeit nicht, starte mit »Moin« und reiße damit alle zu völlig unangemessenen Begeisterungsstürmen hin. Sie beginnen, mich zu streicheln, hüpfen wild um mich herum und fordern dringlich mehrere Zugaben. »Los, getz ma in 'n Handy mit Fotto ... und dat janze Üdülle im Hinterjrund ... datt glaubt zuhause kein Mensch, sachma! Hömma, mach 'sse datt nochma, woll?!« (Oder so ähnlich).

Mentale Notiz: Unbedingt den Tourismus-Verband anrufen und mein brandneues Marketing-Konzept für die nächste Saison vorschlagen. Wie das aussieht? Original-Eingeborene in Friesen-Nerz und Gummistiefeln performen für ein noch näher zu bestimmendes Entgelt an festgelegten Deichkilometern nach einer eingängigen Choreografie den Friesen-Dance mit dem einprägsamen Text »Schallallallalaaaaa ... MOIN in the mooooorning – schallallallalaaaaa ... MOIN in the eeeeevening!«

Landessprache

Man sollte doch meinen, dass das Friesisch ist, oder nicht?! Tja, nun …

Der Siedlungsraum unserer verehrten Ahnen war geografisch weitläufig und oft unzugänglich. Außerdem wurde er durch nervige Sturmfluten mehrmals kreativ umgestaltet. Hinzu kommt noch, dass die verschiedenen Ur-Sippen untereinander gern mal zerstritten waren. So gibt es nicht nur ein »Friesisch an sich«, sondern gleich drei Sprachsorten. Das muss Sie jetzt nicht weiter bekümmern, weil Sie mit hoher Wahrscheinlichkeit nichts davon mitbekommen.

Neudeutsche behördliche Bemühungen um unser aller Erbe in Form von Friesisch-Unterricht ab der Grundschule können frühestens in der nächsten Generation hörbar werden – wenn überhaupt. (Davon abgesehen haben unsere kleinen Tammos, Renkes und Hiskeas in freier Wildbahn kaum sprachliche Vorbilder, dafür aber ein Smartphone – und die coolsten Apps sind nun mal nicht friesisch!)

Es bleibt eine traurige Tatsache: Die Muttersprachler sterben aus. Friesisch war lange Zeit überhaupt nicht en vogue, weil es

a) den Sprecher sofort als Dorftrottel dastehen ließ und

b) außerhalb Frieslands so gut wie gar nicht verstanden wurde.

Dies machte Friesisch als Sprache zur reinen Privatsache. Untereinander gern, immer und oft, manchmal auch ziemlich laut. Selten, aber fein: einige ländliche Gemeinden verlangen von ihren Angestellten Friesisch-Kenntnisse – in Wort und Schrift. Dort findet man auch zweisprachige Orts- und Straßenschilder.

Da man Sie in unserer Gegend (wie genau, sage ich nicht!) mit ziemlicher Sicherheit als »zu Besuch« identifizieren wird, tritt man Ihnen höflich hochsprachig entgegen.

Außerhalb des eigenen Einzugsbereiches sprechen wir nämlich astreines Amtsdeutsch. Wir haben Stil und Klasse – wir wissen, was sich gehört! (Geht ja auch schneller, wenn man nicht alles dreimal sagen und hinterher noch doppelt erklären muss.)

Habe ich gerade »astreines Amtsdeutsch« gesagt?! Na, fast. Wäre ja langweilig, wenn man sprechen würde, wie man schreibt. Ein bisschen Herausforderung für den Zuhörer muss sein.

Konsonanten werden überschätzt – aber aus Vokalen holen wir *alles* raus! (In einigen abgeschiedenen Gegenden Ostfrieslands hält sich jedoch bis heute hartnäckig ein deutliches »Rrr«, das in allen anderen Regionen bereits abgeschafft wurde.)

Die Dialektpalette reicht von Dünen-Dänisch bis Deich-Platt und wird von Außer-Friesischen als ungemein sympathisch wahrgenommen.

Das habe ich mir nicht ausgedacht – dazu gibt's jedes Jahr amtliche Untersuchungen.

And the winner is … okay, Sie haben's kapiert.

Ganz unter uns:

Andere Völker, andere Sitten: Deutlich südlicher wohnende Leute hauen gern mal der Welt ihr privates Lebensgefühl um die Ohren.

»Mia san mia« ist zwar PR-mäßig vollinhaltlich gelungen, aber für uns ist dermaßen viel Eigenlob ein bisschen befremdlich. Das Licht der Öffentlichkeit fällt eben nicht in den Schatten vom Deich – gut so.

Wenn es einen Slogan für Friesland gäbe, würde er »Jo!« heißen. Und das sagt ja wohl alles.

Und nun: Das Wetter!

Oh ja. Wetter haben wir! Ganz viel. Frühling, Herbst, Winter, Sturmflut, Regen, Nebel, viel Regen, Gegenwind oder Sturm – suchen Sie sich was aus. Wenn nichts für Sie dabei ist, warten Sie einen Moment – kann sich ganz schnell ändern.

Wir schaffen locker drei Jahreszeiten an einem Tag. Natürlich haben wir auch Sommer. Letztes Jahr war's das zweite Mai-Wochenende. Auch die legendäre Hitzewelle vom Juli 2014 ist allen Klimaanlagen-Herstellern bis heute in guter kommerzieller Erinnerung. Vier Tage hintereinander über 22 Grad – für uns Eingeborene der absolute Hitze-Horror.

Warm brauchen wir nicht, trocken würde schon reichen. Manchmal klappt's. Meistens nicht. Wo wir gerade davon reden – Regenschirm am Deich! Klappt zwar, aber zusammen. Keine Chance. No way! Sie können es ja mal probieren – wir freuen uns immer herzlich über optimistische touristische Pantomimen. Haben Sie sich gefragt, warum der Strandkiosk immer so viele von den Dingern vorrätig hat? Kaufen Sie gern einen neuen nach – wir brauchen das Zeug nicht.

Es gibt tatsächlich Leute, die unsere Region wettertechnisch ungemütlich finden. Was soll ich sagen – es ist nun mal Nordsee. Wenn Sie ursprünglich in die Karibik wollten und bei uns gelandet sind, dann müssten Sie mal das Navi updaten.

Ja, wir haben immer Wind. Das ist eigentlich unheimlich praktisch. Besonders, wenn Bauer Claasen Schweinegülle ausbringt. Und nun verrate ich Ihnen eine todsichere Wettervorhersage. Wenn Herr Claasen also olfaktorisch unverwechselbar mit den Fäkalien unterwegs ist, gibt's ziemlich zeitnah Regen. Kurz gesagt: Erst stinkt's, danach wird's nass.

Manchmal wird der Wind stärker. Aber von Sturm sprechen wir erst, wenn die Schafe keine Locken mehr haben!

Ganz unter uns:
Das wochentägliche Stadtleben kann ganz schön anstrengend sein. Aufwändiger als auf dem Land ist es allemal. Bedenkt man nur mal den Zeitverlust, der sich durch das tägliche Putzen und Dekorieren für den Arbeitsalltag ergibt und nimmt die hochkonzentrierte Anstrengung dazu, beim Autofahren ständig ans Blinken zu denken, ist es eigentlich nur bedingt zumutbar. Also – auf Dauer wäre das nix für mich. Auch die ganzen Nebenkosten sind der Wahnsinn. Zu jedem täglich wechselnden Repräsentations-Outfit gehört farblich abgestimmtes Zubehör. Außerdem müssen die dazu perfekt passenden Schuhe her. Und am Deich? Nehme ich entweder die oder die anderen, je nachdem, welche gerade trocken sind.

Straßenverkehr

In Friesland sind die meisten Straßen einspurig. Zum größten Teil auch die Autobahnen. (Und das bedeutet nicht etwa: *eine* Spur *pro Fahrtrichtung*!)

Wir sind stolz darauf, unseren Touristen etwas bieten zu können. Besonders zur Ferienzeit machen wir unsere Verkehrswege gern vorzeigbar. Sämtliche Baustellen sollten also nicht als böswillige Beeinträchtigung, sondern als Ausdruck unserer überschäumenden Gastfreundschaft verstanden werden.

Einige klitzekleine regionale Besonderheiten im friesischen Verkehrsverhalten gilt es jedoch, zu beachten.

Eingeborene blinken nicht! Warum auch – wir wissen schließlich, wo wir hin wollen. Außerdem kennen wir unsere jeweiligen Fahrzeuge gegenseitig und sind stets stundengenau darüber informiert, wer wann warum in welche Richtung fährt. Treten Abweichungen vom persönlichen Fahrverhalten auf, werden umgehend (notfalls durch sofortige telefonische Kontaktaufnahme mit den nächsten Angehörigen des Fahrers) die Gründe hierfür in Erfahrung gebracht.

Wesentlich ernster als die Gurtpflicht nehmen wir die Grüß-Pflicht. Alles, was sich (auf, über oder neben der

Straße) bewegt, wird gegrüßt. Es ist beileibe nicht so, als würden wir ständig unnötig langsam fahren – wir gucken nur aufmerksam, ob sich nicht noch jemand zum Grüßen findet. Winken, wedeln, Lichthupe, Warnblinkanlage und im Dreivierteltakt gefahrene Schlangenlinien sind hierfür bei den temperamentvolleren Charakteren unter uns bestens geeignet. Konservativ introvertierten Fahrern reicht ein im Zentimeterbereich erhobener Zeigefinger, um den Tatbestand eines ausführlichen zwischenmenschlichen Gesprächs zu erfüllen.

Vielen Besuchern erscheinen unsere Straßen oft recht schmal. Wenn Sie außerhalb einer bewohnten Ortschaft zu Ihrer Ferienwohnung Richtung Deich unterwegs sind und das Gefühl haben, die Straßengräben würden mit Ihnen kuscheln wollen – don't panic! Beginnen Sie (noch) nicht, »Highway to Hell« zu summen. Alles wird gut! Erinnern Sie sich an meine Worte, wenn Sie früher oder später auf diesem allerhöchstens halbspurigen Weg zwei nebeneinander parkende Trecker sehen, deren Fahrer sich gerade in einer angeregten Diskussion befinden. Das ist keine optische Täuschung – und Sie kommen trotzdem unbeschadet vorbei. (Grüßen nicht vergessen!)

Friesland ist eine Gegend voller landschaftlicher Schönheiten. Deswegen sind Sie ja hier. Es ist aber keinesfalls nötig, bei jeder putzigen Kuh auf der Weide nebenan eine Vollbremsung zu Foto-Zwecken hinzulegen. (Das Essen wird erst fotografiert, wenn es auf dem Tisch steht!) Und das gilt ebenfalls auf Brücken, deren Befahren durch die einzige Ampel weit und breit geregelt wird. (»Grün« heißt »Fahr zu!«) Unmotivierte Verkehrsbehinderung wird von normalerweise friedfertigen Friesen gar nicht gut aufgenommen und zieht nur in den seltensten Fällen eine Einladung zum Tee nach sich.

Sie suchen Nervenkitzel und Abenteuer fernab jeder Zivilisation? Willkommen auf Frieslands Straßen – wir werden es Ihnen schon zeigen!

Ganz unter uns:
Unser Dorf liegt gerade mal 30 Kilometer außerhalb der Stadt, dafür aber in einer völlig anderen Welt. Darauf muss man natürlich entsprechend vorbereitet sein: Einkaufslisten abgearbeitet? Reserve-Munition eingepackt? Impfschutz vollständig? Mein geliebter Gatte und ich fragen uns gegenseitig vor jedem wöchentlichen Take-off routinemäßig die Checklisten mit den gern vergessenen Sachen (FFT: Frequently forgotten things) ab. Die Grundlagen hierzu haben wir bei der NASA abgekupfert und nach unseren Bedürfnissen modifiziert – so sind wir doch (etwas) schneller vom Hof als das durchschnittliche Space Shuttle im Weltraum.

… und watt is mit Teeeeee?

Es muss ja mal in aller Deutlichkeit gesagt werden: Wir sind Weltmeister!

Jawoll. Schon ganz lange. Natürlich machen wir in unserer gewohnten Bescheidenheit da keinen Aufstand von – aber Ihnen kann ich es ja erzählen.

Betrachtet man nämlich den weltweiten Pro-Kopf-Verbrauch an Tee, kommen Ostfriesen locker auf 300 Liter im Jahr. Die Briten verputzen beim Five-o'-clock allenfalls 215 Liter und Deutschland landet mit 27 Litern abgeschlagen auf Platz 43.

Erster in der Weltrangliste – na gut, daran arbeiten wir seit dem 18. Jahrhundert. Beharrlichkeit ist friesische Kardinal-Tugend. Lieber Sturkopp als Dööskopp!

Nach den ersten Experimenten mit Holland-Importen aus den niederländischen Kolonien um 1750 herum etablierten sich hinter unseren Deichen die noch heute bestehenden großen drei Tee-Handelshäuser Bünting (1806), Thiele (1873) und Onno Behrends (1886).

Die Grenzen der friesischen Seelande mögen uns geografisch und historisch trennen – die Vorliebe für *eine* Tee-Sorte tut dies emotional. Und wie! Das ist vergleichbar mit der Wertschätzung einer Auto-Marke oder eines

Fußball-Vereins. Bildlich gesprochen. Natürlich gehen jetzt nicht etwa Thiele-Hooligans gewaltbereit auf den Büntig-Fanblock los. Und es gibt durchaus glückliche Beziehungen zwischen Behrends-Liebhabern und Anders-Trinkern. Da kriegt dann eben jeder seinen persönlichen Aufguss – notfalls ehevertraglich gesichert.

Tee-Zeit ist jederzeit! Nach dem Frühstück kommt der »Elführtje«, auf das Mittagessen folgt die nachmittägliche Teestunde – mit 15:00 Uhr als empfohlener Kernzeit. Und abends nach der Tagesschau darf noch mal so richtig aufgebrüht werden. Angesichts dessen erscheint die statistische 300-Liter-Angabe lachhaft gering.

Ob nun zu jedem dieser täglichen Anlässe das gute Tee-Geschirr (rot oder blau) ausgepackt wird, ist Geschmackssache. Die höfliche Durchschnitts-Ostfriesin wird es aber *immer* auf den Tisch des Hauses stellen, wenn Besuch kommt. Oder kommen könnte. Der Briefträger zum Beispiel. Also von morgens bis zum Dunkelwerden.

Hatte ich erwähnt, dass jedwedes Tee-Zubehör ausschließlich mit klarem Wasser und per Hand gereinigt werden darf? Spülmaschine? Fehlanzeige! Flüssigreiniger? Der Untergang des Abendlandes! Was käme als nächstes? Tee-Beutel vielleicht? NIEMALS!

Tee ist so gemütlich. Wenn der Kluntje leise knistert …! Wow – so könnte ich glatt meinen nächsten Heimatroman nennen! Aber tatsächlich ist dieses Geräusch so wohlig wie Weihnachten. Dass gerade Ostfriesen schon bei dem Gedanken daran leuchtende Augen kriegen, liegt an der genetischen Prägung und ist für Deutschländer nur schwer erlernbar.

Kommen Sie vorbei – ich setz schon mal den Tee auf.

Weil ich mein Friesentum aber nicht ultra-orthodox ver-
fechte, sondern eher liberal-reformiert bin, würde ich Ihnen auch einen Kaffee anbieten können.

Full House

Morgens, halb zehn in Friesland. Ziemlich unentspannt hocke ich mit verknoteten Füßen auf dem Küchenblock zwischen Herd und Spülmaschine und versuche, das Gewusel in meiner Küche zu überblicken.

Die Hütte ist voller engster Nachbarinnen. Obwohl ich davon nur vier habe, ist absolut kein Stuhl mehr frei. Klar. Tant' Aahlke braucht ja allein schon die ganze Sitzbank für sich. Das liegt aber nicht am Essen. Bei ihr kommt das von den Drüsen. Weiß jeder. Hat sie schon mehrfach erzählt. Heute auch wieder. Vorhin erst. Als ich die Butterkekse auf den Tisch gestellt habe, weil die Brötchen alle waren.

Ja, das Leben am Deich birgt ungeahnte Gefahren. Mit Eisnebel, Starkregen und Sturmflut kann man sich irgendwie abfinden. Kein Ding. Reine Übungssache. Aber das ist ja auch nix gegen Besuch! Der kommt auf dem Land genauso schlagartig wie ein Wetterwechsel, lässt sich aber fieserweise nicht vorhersagen. Man muss sich das wie eine Art Flash-Mob vorstellen. Bloß ohne Handy oder Internet. Mehr so old-school-mäßig. Telepathisch eben.

Früher hat's mich ein paar Mal eiskalt erwischt, wenn zum Beispiel Tant' Eilsine oder Frauke von nebenan völlig selbstverständlich durch die Hoftür und den Wirtschaftsraum in die Küche eingefallen sind und mich mit einem herzhaft gebrüllten »Moin!« sonntags kurz vor acht panisch aus dem Bett springen ließen. Auch gern als Weckruf genommen: »Nübbens to Huuuuuus?!« Wochentägliche Arbeit in der Stadt ist keine Ausrede, an freien Tagen länger als bis Sonnenaufgang in der gemütlichen Horizontalen zu bleiben.

(Warum ich nicht einfach die Hoftür abschließe? *Das* tut man *nicht*!)

Irgendwann habe ich kapituliert und bin seitdem schätzungsweise jeden verdammten Tag bereit, willens und in der Lage, schon ab 06:00 Uhr geputzt und gestylt sogar der Queen in meiner hochglanzpolierten Küche einen frischgebrühten Tee zu reichen. Bis hierhin war es ein harter Weg. In meiner Anfangszeit als Teilzeit-Landfrau freute ich mich eines frühen Morgens naiverweise über den Spontan-Besuch von Tant' Kea. (Kea ist ein beliebter Name bei uns am Deich und wird auf der ersten Silbe betont. Doch. Es *sind* zwei Silben. Sprechen Sie es mal friesisch aus!) Jedenfalls verleitete mich ihr lautstarkes Versprechen »Ik mook den Teeeee!«, mir beim Aufstehen und Anziehen Zeit zu lassen. Gefühlte fünf Minuten. Als ich in die Küche runterkam, hatte Kea nicht nur Tee gekocht und Frühstück auf den Tisch geknallt. Sie war außerdem gerade dabei, meinen Geschirrschrank auszuräumen, um das ganze Gerödel »mal ordentlich« von Hand abzuwaschen. Das prägt.

Nun wissen Sie, wie meine Nachbarinnen ticken. Jede einzelne der Damen ist ein herzallerliebstes Prachtstück – zusammen sind sie der absolute soziale Overkill. Vor allem, wenn sie sich auf Betriebstemperatur geredet haben. Oh – gerade weiß Frauke zu berichten, dass der

Postbote jetzt eine »Praktikantin« hat. Sie verfügt da über zuverlässige Insider-Kenntnisse. Bei ihrer Kaufsucht hat der DHL-Wagen schon eigene Spurrinnen in der Auffahrt hinterlassen. Wir reden natürlich nur über ihr kleines Problemchen, wenn sie nicht dabei ist. Zum Beispiel *jetzt*! Frauke macht Hektik. Teetasse über Kopp gestellt, Löffel obendrauf gelegt – Tschüß! – sie müsste dann mal fix weg. Ja, nun sehen wir ihn auch, diesen gelben Schimmer am Horizont: Die Post kommt!

Tsss, tsss, tsss … und was ist nun mit dieser Dings – äääh, der Praktikantin? Muss ja bestimmt irgendwie so ein Schweinkram sein. Wie neulich. Mit dem Chef von Amerika.

Ziemlich rotbäckig diskutiert die Mädelsrunde aktuelle Weltpolitik. Ich hätte die letzte Kanne Tee eben doch nicht mit dem Rest von Käpt'n Morgan pimpen sollen. Aber ich wusste echt nicht, wohin mit der halbleeren Flasche. Hab schon dauernd gegenan geguckt.

Mitten in das angeregte Gegacker mischt sich der regionale Radiosprecher mit den Friesland-News.

»Oh-Gott-ich-muss-nach-Hause!« und »Mensch-mein-Alter-will-gleich-Tee!« (Übersetzung aus dem friesischen Original). Und so schnell, wie sie alle gekommen sind, ist die Hütte wieder menschenleer. Mit steifen Knochen rutsche ich von der Arbeitsplatte, inhaliere die verdiente Beruhigungszigarette mit drei Zügen bis zum Filter runter und tue, was ich schon immer tun wollte: Ich stelle das ganze Teegeschirr des Damenkränzchens betont subversiv in die Spülmaschine, starte das Teil genüsslich mit »Enter« und warte auf Hölle und Verdammnis. Tut sich aber nix. Puuuh, Glück gehabt.

Inzwischen hab ich längst vergessen, was ich mir für heute an dringender Hausarbeit vorgenommen hatte. Wird schon nix Lebenswichtiges gewesen sein. Soll ich Ihnen fix noch 'ne Kanne Tee aufsetzen? Kekse sind aber leider aus.

Friesische Küche

Das ist ja nun ein Thema, das heftig polarisiert. Beginnen wir mit dem historischen Rückblick – dann haben wir den schon mal hinter uns und können anschließend ein bisschen was essen.

Das jahrhundertelange Leben auf kargen Warften (mit ganz viel Nichts umzu) hinterließ tiefe kulinarische Furchen im kulturellen Bewusstsein der Friesen. Wenn man mit nur einem Topf pro Haushalt über offenem Torf-Feuer kochen und dabei noch lokalen Hünen die Arbeitskraft erhalten muss, gilt: Satt ist besser als lecker! Da wurde nicht stundenlang über Tisch-Deko oder die Konsistenz der Sauce diskutiert – gegessen wurde, was tot genug war, um auf dem Tisch liegen zu bleiben – und noch 'n Happen Bauchspeck obendrauf! Da die friesische Hausfrau seit jeher gern effizient und zeitsparend arbeitet, erledigte man Essen und Trinken meistens in einem Gang (bitte wörtlich nehmen). Aus dieser Zeit stammen viele Rezepte, die die Verwendung von Alkohol (als Aperitif und Absacker) und Sahne (Dessert inklusive) gleichzeitig zwingend erfordern. In der neudeutschen Interpretation bedeutet das: »light« is' nich'!

Friesische Kost ist gewöhnungsbedürftig. Am besten,

man wächst damit auf und vermeidet lebenslang konsequent direkte Vergleiche mit anderen Regional-Küchen. Möglicherweise gäbe es auch viel mehr Sterne-Restaurants in unseren unendlichen Weiten, wenn sich jemand mal die Mühe machen würde, die Namen unserer Lieblingsgerichte ins Französische zu übersetzen oder wenigstens frankophon auszusprechen. Probieren Sie das bitte zunächst mit Grünkohl und gehen dann zu »Updröögt Bohnen« über.

Es war echt kein geschickter Schachzug der ur-friesischen PR-Abteilung, unser täglich Brot so dermaßen kurz, knapp und anschaulich zu vermarkten, dass der erwartungsvollen Fantasie eines modernen halbverhungerten Touristen absolut kein Spielraum bleibt.

Friesische Küche ist Geschmackssache. Für die einen ist es ein Härtetest, für die anderen das »Paradies im Pott«. Etliche zugereiste Sensibelchen schwören darauf, sich ihr Essen vorher schönzutrinken. Das netteste, was man über unsere lokalen Speisen sagen kann: Mit reichlich Alkohol dazu (natürlich nur zu Verdauungszwecken) schmecken sie fast jedem. Je hochprozentiger, desto besser. Sowohl abgetötete Geschmacksnerven als auch seliges Vergessen sind manchmal äußerst hilfreich.

Was würden Sie sich als Nicht-Friese zum Beispiel unter Grünkohl vorstellen? Einen kuhfladen-ähnlichen Klecks Gemüse unter einer Auswahl fettglänzender Fleischstücke und ebensolcher Kochwürste? Richtig! (Waren Sie schon mal bei uns in der Gegend?) Den wirklich alles durchdringenden Geruch müssen Sie sich kurz wegdenken. Und nun greifen Sie zu. Los jetzt! Runter damit! Na? Hab ich doch gesagt – unbeschreiblich! Geradezu göttlich! Wenn Sie mich ganz lieb fragen, verrate ich Ihnen vielleicht sogar unser familieneigenes Geheimrezept – seit Generationen in mütterlicher Linie vererbt.

Ein anderer Klassiker ist »Birnen und Hüdel«. Wie der Name schon verspricht: Kochbirnen im eigenen süßen Saft zu verschiedenen gehaltvollen Spezialitäten des örtlichen Schlachters an gedämpftem Hefekloß. Das ist der berühmte »Hüdel«: Stolz und Aushängeschild jeder Hausfrau. Der wird nach jahrelanger Übung freihändig mit variablen Mengenangaben praktisch »aus'm Kopf« zusammengezimmert – und wenn nicht, wird wenigstens die Plastik-Verpackung des fertig gekauften Industrie-Hüdels diskret ganz unten im Sondermüll versteckt. Aber sowas unvorstellbar Schreckliches würde außer mir bestimmt niemand tun.

»Updröögt Bohnen« (den Teil mit der obligatorischen Fleischbeilage überspringe ich mal) sind geschmacklich nicht nur der Himmel auf Erden, sondern leider auch extrem zeitaufwändig in der Zubereitung. Die namensgebenden Bohnen müssen selbst angebaut sein oder vom Landwirt des Vertrauens stammen, einzeln auf meterlange Schnüre gefädelt und monatelang getrocknet werden. Wenn man sich dann aufrafft, sie zu verarbeiten, reanimiert man sie zunächst durch stundenlanges Einweichen, um sie danach von Hand zu verlesen und schließlich penibel zu putzen. Die nötige Zubereitungszeit im Kochtopf von zweieinhalb bis drei Stunden kommt einem im Vergleich dazu wie ein Endspurt vor.

Der Hype, der um Steckrüben-Eintopf gemacht wird, ist mir rätselhaft. Spontan fällt mir dazu nur ein, dass er farblich gut zur Küche passt – wenn man denn überwiegend beige eingerichtet ist.

Wussten Sie eigentlich, dass es in Friesland ganz viele

glückliche Vegetarier gibt? Echt jetzt! Wochentags stehen sie auf der Weide – und sonntags auf 'm Tisch!!!

Sie haben Ihren Zielort erreicht!

Bestimmt werden Sie sich schon gefragt haben, wo sich unsere Perle Frieslands nun genau geografisch befindet.

Hey, Sie sind doch schon mal bei uns durchgekommen! Neulich erst. Letzten Sommer. Oder davor. Erinnern Sie sich? Da war so ein kleines, putziges Dorf, dessen Name auf -warden, -groden oder -siel geendet hat. 400 Einwohner, 5 Straßen (drei davon Sackgassen), eine Schule, eine Bushaltestelle (am Wochenende außer Betrieb), eine Kneipe (am Wochenende immer in Betrieb) und eine Kirche (jedes zweite Wochenende Gottesdienst nach Vereinbarung).

Genau – da, wo Sie sich den Frontspoiler ruiniert haben! Sie sollen ja beim Fahren auch auf die Straße gucken und sich nicht von den eigenwilligen Vorgarten-Dekorationen aus der Spur werfen lassen. Mal im Vertrauen: Als Sie dann bei Claasens in der Hofeinfahrt wenden wollten, in der (Verzeihung!) Kuhscheiße steckengeblieben sind und Menno Sie da mit dem Trecker rausziehen musste – darüber lachen wir heute noch herzlich. (Ließen sich die Felgen denn noch retten? War's teuer in der Werkstatt?)

Ja, am Deich ist die Welt zu Ende. Für bestimmte Fahrzeugtypen schon viel früher. Zweimal am Tag kämpft sich ein wahrer SUV-Konvoi mit auswärtigen Nummernschildern durch unsere ländliche Idylle. Das sind viele liebe

Stadt-Mamis, die ihren hoffnungsvollen Nachwuchs entweder zur Schule hinbringen oder von dort einsammeln. Die Lehranstalt bei uns im Dorf ist jetzt nicht irgendwie besonders toll, hat aber anscheinend eine erstklassige PR-Abteilung. Mit allen Tricks und notfalls unlauter erschlichenen Zweitwohnsitzen versuchen ehrgeizige »In«-Mütter seit Jahren, ihre Sprösslinge naturnah ganztags bilden und bespaßen zu lassen. Dafür scheuen sie weder Mühe noch Kosten. Wenn dabei noch ein neues, überdimensioniertes Allrad-Fahrzeug für die täglichen Land-Partien abfällt – umso besser. Natürlich müsste man so ein Ding erst mal fahren können. Herzzerreißende Szenen bei der Parkplatzsuche sind vorprogrammiert – da wird mehr und öfter geheult als bei Rosamunde Pilcher!

An weiteren erwähnenswerten Dingen haben wir neben dem obligatorischen Boßelverein auch einen Spielmannszug. Die Mitgliedschaft dort wird über strenge Erbfolge geregelt. Mit Talent hat das wenig bis gar nichts zu tun. Das macht den schrägen Sound der Truppe unverwechselbar.

Hab ich was Wichtiges vergessen? Hoffentlich nicht. Vergessen ist nämlich Mist. Gerade, wenn es um die nahrungstechnische Grundversorgung geht. Der nächste Bäcker ist acht Kilometer entfernt. Die Tankstelle auch. (In die andere Richtung.) Pizza-Taxi? Sushi-Lieferservice? *Das* können Sie ... na, ja ... eben *vergessen*. Und wenn Sie unter Zeitdruck sind, sollten Sie nicht mal eben kurz zum Nachbarn »borgen« gehen. Bis Sie mit dem Tee und dem allernötigsten Dorfklatsch durch sind, haben Sie keinen Hunger mehr.

Es ist so unglaublich schön bei uns. Wenn man sich erst mal daran gewöhnt hat. Nach 10 bis 15 Jahren Landleben fängt man langsam an, es zu genießen.

Im schönsten Dorf Frieslands ist es irgendwie immer wie im Theater. Meistens läuft Komödie (Tragödien sind zum Glück selten) – und manchmal gibt's einen Krimi.

Wenn Sie nun aber glauben, dass der Mörder immer der Pfarrer ist, muss ich Sie enttäuschen. Unsere ehemalige Frau Pastor hatte nämlich nur eine halbe Stelle und hätte da echt nicht auch noch in vier Dörfern gleichzeitig meucheln können.

Ganz unter uns:

Als ob Einkaufen »in der Stadt« nicht sowieso schon die Pest wäre, drängelt sich doch da gestern so eine Protz-Karre mit auswärtigem Kennzeichen (ohne zu blinken!) in meine persönliche Lieblings-Parklücke am Supermarkt. Grrrrrr! Natürlich hab ich gleich das Fenster heruntergelassen, ganz verliebt geguckt, gewinkt und dem fehlgeleiteten Besitzer eine dicke Kusshand zugeworfen.

Nun – das hat seine gediegene eheliche Beifahrerin so gar nicht amüsiert – und alles, was ich ihm gewünscht habe, hatte er dann bestimmt zu Hause (vielleicht sogar mit Zugabe).

Ich ärgere mich schließlich nicht selbst – ich lasse ärgern!

Unsere (besonders) kleine Farm

Draußen ist es dunkel, arschkalt und ruhig. Nur das Nebelhorn trötet rhythmisch über den Deich. Willkommen in Friesland – mit dem letzten Ton des Zeitzeichens ist es ist 04:00 Uhr. Nein, ich muss nicht irgendwie in den Stall, um Kühe zu melken. Das fehlte noch. Geh mir los mit Landwirtschaft! Ich bin ein Stadtmensch und als solcher auch nach über zehn Jahren der dorfeigene Exot. Natürlich würden meine Nachbarn dieses Wort nie in den Mund nehmen. Da fallen eher Sätze wie »Die hat sie doch nicht mehr alle!« oder »Was hat sie denn nun schon wieder angestellt?!«

Aber gerade beobachtet mich keiner. Ich bin extra früh aufgestanden, damit ich Ihnen unseren Außenposten der Zivilisation ungestört etwas genauer zeigen kann. Wir müssen jetzt natürlich ein bisschen leise sein, sonst kommt die halbe Nachbarschaft auf 'n Tee vorbei, bleibt zum Frühstück und nervt bis Mittag. Mindestens. Deswegen mag ich auch kein Licht anmachen. Aber ich bemühe mich, Ihnen alles ganz detailliert zu beschreiben – Sie müssen es sich nur *hell* vorstellen.

Also: Wenn Sie »Frieslands schönstes Dorf« auf der als Sackgasse gekennzeichneten Deichstraße verlassen würden (was ich Ihnen wirklich nur im alleräußersten Bedarfsfall empfehlen kann), kämen Sie nach ein paar Kilometern (auf denen Sie sich dauernd fragen, ob das alles hier so richtig ist) in unsere Enklave.

Vierdreiviertel Häuser mitten im Nichts – umgeben von Wiesen und Deich – die »Halb-Insel der Seligen«, falls man es nett ausdrücken will. Normalerweise sagt man »Hämorrhoide an Arsch der Welt« dazu.

Das größte Anwesen gehört Familie Claasen. Sie fahren direkt darauf zu. Dort können Sie bequem wenden, wenn Ihr Fluchtreflex übermächtig wird – es sei denn, Eilsine erwischt Sie vorher und lässt Ihnen die große Hofführung mit anschließendem Tee angedeihen. Wenn Sie Vadder Claas kennenlernen möchten, müssen Sie schon ein bisschen suchen. Meistens hat er sich in seinem Büro verschanzt, wo er stundenlang online Landwirtschafts-Pornos (mit überdimensionierten Erntemaschinen) anguckt oder den Bezirks-Veterinär zusammenscheißt. Frag nicht nach Sonnenschein …!

Jeder Hof hat einen Erben – der von Claasens heißt Menno. Mitte Dreißig, theoretisch paarungswillig (praktisch jedoch schwer vermittelbar), höflich, hilfsbereit – und sehr, sehr zurückhaltend. Nahezu unsichtbar trotz friesischer XXL-Dimensionen. Sie werden ihn kaum bemerken – es sei denn, Sie haben das Erlebnispaket »Urlaub auf dem Bauernhof« gebucht und bleiben zwei Wochen. Dann besteht die realistische Chance auf wenigstens eine Menno-Sichtung.

Neben Claasens wohnen Aahlke und Focko Janssen. Natürlich ist es immer ein einzigartiges Erlebnis, sich von Tant' Aahlke bekochen zu lassen – jedoch empfiehlt sich hier für Ortsfremde unbedingte telefonische Anmeldung. Focko ist nämlich nicht nur der Deich-Schäfer, sondern auch Vorsitzender im Jagd-Verein und als solcher beispielhaft bewaffnet bis an die Schneidezähne. Leider ist er unglaublich kurzsichtig, was ihn selbst bei der ganzen Ballerei aber am wenigsten stört. Na ja, nun sind Sie gewarnt.

Das Haus mit dem atemberaubend schrill dekorierten Vorgarten gehört Kea und Krischan Harms. Pinke Blüten im Dezember? Jawoll! Röhrende Hirsche, die eine Gartenzwerg-Gruppe aufmischen? Aber sowas von …! Und das ist nur äußerlich. Bitte glauben Sie mir, dass Krischan seinen Ruhestand überwiegend im männlich-herben Stallgebäude verbringt, wo er stundenlang ausschließlich weiß gekalkte Wände anstarrt. So übersteht er die Hauptmahlzeiten in den farbgewaltigen Innenräumen leichter.

An unserer Hütte sind Sie glatt vorbeigefahren, stimmt's? Ja, gut – der Anblick ist jetzt auch nicht so spektakulär. Wir haben uns für ein strenges, puristisches Design entschieden. Klare Linien, rechte Winkel, friesengrün und ziegelrot – mehr muss nicht sein. Seit 1871 hat dieser Look keinen gestört, aber in den Augen der hilfsbereiten Nachbarschaft macht das Ganze einen total verarmten Eindruck. Wie oft hab ich schon gutwillig drapierte ländliche Dekorationen aus dem Vorgarten entsorgen müssen? Ist ein Plastik-Schaf eigentlich Bio- oder Sonder-Müll???

Während die anderen Deich-Anlieger von ihrer Landwirtschaft leben, gehen Willem und ich einigermaßen seriösen Berufen in der Stadt nach und sind nur am Wochenende oder in den Ferien im Dorf. Manchmal weiß ich nicht, ob diese Regelung eher Konfliktpotential birgt oder Erholungseffekt hat. Das wechselt auch häufig ziemlich schnell. Soll keiner sagen, dass Landleben langweilig ist. Dafür sorgen schon die Nachbarn. Immerhin hängen die sich seit den fünfziger Jahre in mehr oder weniger gleicher Konstellation auf der Pelle, haben die Höfe von ihren Eltern übernommen, sich hochgewirtschaftet, den Milchpreisverfall überlebt, mit Windkraftanlagen experimentiert und die EU verflucht. Sowas schweißt zusammen. Eigentlich muss ich jeden Tag froh und dankbar sein, dass mich die Deich-Bande so zutraulich aufgenommen hat.

Gut – der Integrationsprozess dauert noch an. Ich habe allein zwei Jahre gebraucht, um mir die unterschiedlichen (und zum Teil arg widersprüchlichen) Informationen zur Genealogie der einzelnen Sippen zu merken. Wer mit wem warum, wann und wo – da kann man schon ins Trudeln kommen. Nebenbei läuft ja auch noch meine Zwangs-Metamorphose zur friesischen Vorzeige-Hausfrau. Mit vereinten, nahezu übermenschlichen Bemühungen (und einem drohend geschwungenen Feudel in der Hinterhand) wollen Tant' Kea, Tant' Aahlke und Tant' Eilsine mich wenigstens auf den Mindeststandard der Auricher Bräuteschule (Jahrgang 1956) bringen. Noch steht es unentschieden.

Übrigens: Die Anrede »Tante« impliziert keine Blutsverwandtschaft, sondern ist die korrekte Art, mit einer Dame (oder über sie) zu sprechen, die mindestens eine Generation älter als man selbst ist. Ich bin neulich auch zum ersten Mal ge-tantet worden, als am Strand ein pickeliger Nachwuchs-Surfer von mir wissen wollte, ob wir tatsächlich früher mit Holzbrettern aufs Wasser gegangen sind. Das hat mich echt emotional getroffen. Wenn der Bengel nicht verschwitzte Zwei-Meter-Fünfzig groß gewesen wäre, hätte ich mich gern ausführlich dazu geäußert. Was tun die den Kindern heutzutage eigentlich ins Essen? Früher hätt's das nicht gegeben! Natürlich bin ich über dreißig, aber gewiss noch nicht fossil!

Huch, jetzt haben wir uns glatt verquatscht. Wird schon hellgrauer draußen – nun aber fix in die Scheune, Licht anmachen und die Stereo-Anlage aufdrehen. Ich habe mir nämlich einen richtig coolen Sampler gebastelt: »Best of Handwerker-Geräusche«! Mit Bohrhammer-Beat, Kreissägen-Solo und Dieselgenerator-Bass. Das täuscht hektische Betriebsamkeit vor und hält die Neugierigen auf Abstand, die sich sofort auf Kontrollgang begeben, wenn nach Sonnenaufgang noch verdächtige Stille auf dem Hof herrscht. Nun kann ich mich unbesorgt tatsächlich noch ein halbes Stündchen hinlegen.

Also: Gute Nacht, John-Boy! – und Ihnen einen schönen Tag.

Ganz unter uns:
Gerade stand Tant' Kea ganz aufgeregt in unserer Hütte. Ich soll keinesfalls vergessen, ihr am Freitag aus der Stadt ein neues Roman-Heft mitzubringen. Mit ganz viel Liebe. Und ein Doktor soll drin vorkommen. Aber ohne Sex. Bisschen Knutschen wäre okay, wenn »sie sich kriegen«. Nun muss ich gerade mal angestrengt überlegen, wohin ich fahre, damit mich keiner erkennt, wenn ich diese Landfrauen-Lektüre auf ihre Eignung prüfe. Wo war ich denn lange nicht? Bahnhofsbuchhandlung? Tankstelle in der Südstadt? Wo ist es am wenigsten peinlich???

Verdammt, es ist Frühling!

Spätestens Ende März lassen ambitionierte friesische Landfrauen schlagartig ihre Handarbeitskörbchen fallen, reiben sich die Hände, atmen tief durch, rücken die Kittelschürzen zurecht – *jetzt aber*!

Praktisch über Nacht wird's Frühling in unseren Dörfern. Das hat nicht zwangsläufig etwas mit dem Wetter zu tun, sondern eher mit dem weiblichen Grundbedürfnis, schneller als die Nachbarin alle winters mühevoll gehäkelten Gardinen an die Fenster zu tackern und den Garten vorzeigbar zu machen.

Putzen, bis der Arzt kommt – und *das* ist keineswegs ausschließlich metaphorisch gemeint! Wenn Frühling befohlen wird, dann aber gründlich. Auch, wenn sich zum Beispiel an den letzten Hof vor dem Deich allenfalls der Postbote verirrt. Gerade *der* als beliebte Quelle lokalen Dorftratsches soll ja ganz gewiss nicht denken, hier würde 'ne Schlampe wohnen!

Fegen, kratzen, pflanzen – an wirklich allen vorstellbaren Ecken und Enden. Als Ortsfremder mag man sich zunächst über die vielen mehr oder minder ausladenden weiblichen Heckpartien wundern, die optisch sämtliche Hofeinfahrten blockieren. Der Slogan »Die Hände zum Himmel« wird hier im wahrsten Sinne des Wortes ins Gegenteil (Hinterteil?) verkehrt. An diese An- und Ausblicke gewöhnt man sich jedoch schnell.

Die frischgeschlüpften Osterglocken zittern nicht nur im Wind, sondern auch aus Angst vor der Hofherrin – wie schnell landet man auf dem Kompost, wenn man »anders gelb« als seine Mit-Pflanzen ist?! Political correctness? Aber sowas von am Arsch!

Hochglanzpolierte Gartenzwerge stehen Hab-Acht und trauen sich noch nicht mal, mit *dem* Finger zu zeigen – wer findet sich schon gern als Schnäppchen-Angebot auf dem nächsten Pflanzen-Basar im Dorfgemeinschaftshaus wieder?!

Gerade, wenn man denkt, dass *nun* doch endlich der ganze Hof nicht nur sauber, sondern porentief rein ist, setzen unsere Damen mit echt friesischem Dekorationszwang noch einen drauf. Ich sage nur: ZIMMER-PFLANZEN! Bis zur absoluten Belastungsgrenze vollgestellte Fensterbänke ächzen unter vielzähligen, mehr oder minder geschmackvollen Pötten mit kreischbunten Blumen, die *so* in der Natur nicht vorkommen. Irgendwo in China reibt sich gerade ein Kunstpflanzen-Produzent die Hände und schickt eine neue Lieferung an den Deich. Nein, ich will gar nicht wissen, was der von uns denkt.

Während noch vor ein paar Jahren BINGO als Wettkampfsport wöchentlich den Gemeindesaal füllte, braucht es heute schon etwas mehr, um den Adrenalinspiegel der eingeborenen Landfrau in die Höhe zu treiben.

»Alpenveilchen-Award«, »Begonien-Battle«, »Chrysanthemen-Challenge« – und so weiter, bis das Alphabet durch ist. Mir fällt gerade keine Pflanze mit »Z« ein, aber ich verlasse mich darauf, dass Sie die Message verstanden haben.

So schnell, wie der Frühlings-Spuk gekommen ist, geht er auch wieder vorbei. Schon jetzt beobachte ich argwöhnisch meine Nachbarinnen, wann wohl die erste mit einem Hänger voller Sommerpflanzen vom Kreisstadt-Baumarkt in die Einfahrt rangiert.

Am besten wär's wohl, wenn ich den Anfang mache – so, ich bin dann mal weg!

Ganz unter uns:
Nacheinander haben Kea, Aahlke und Eilsine bei mir angerufen und gestöhnt, wie viel Arbeit sie die ganze Woche hatten, um ihre Vorgärten auf »ansehnlich« zu prügeln. Ach, diese Mühe – und die Schmerzen überall! Hab natürlich umgehend bei unserem städtischen Pflanzen-Stylisten angerufen und einen floristischen Notfall geltend gemacht. Nachher kommt das botanische Sondereinsatzkommando und lädt mir den Trecker mit fertig bepflanzten Terrakotten voll. Die brauche ich dann nur noch im Schutz der Dunkelheit vor der Hütte zu drapieren.
Dazu morgen ein bisschen fertig und kaputt gucken – professionelles Landleben ist reine Übungssache!

Seltsame Schwingungen

Meine Nachbarin Frauke ist unbestritten in jeder Hinsicht sehr speziell. Das merkten wir sofort, als sie damals in das alte Haus von Mutter Tammen eingezogen ist. Jahrelang stand die olle Hütte leer. Dann erschien wie aus dem Nichts Fraukes Möbelwagen. (Ganz aus Oldenburg – das muss man sich mal vorstellen!) Anschließend war wieder Stille. Nicht mal eine von den historisch-versifften Gardinen zur Straße hin bewegte sich.

Langsam wurden wir unruhig. Erwähnte ich bereits, dass Mina Tammen die alleinregierende Dorfhexe war? (Warzen besprechen 2 Mark, Liebeszauber kostet extra!) Der Neuen wird doch nichts passiert sein?! Natürlich glauben wir alle keinesfalls an wilde Verwünschungen und heimtückische Flüche, die auf so alten Gemäuern liegen könnten – im Leben nicht! Aber eines Abends scheuchte mich die versammelte Mädels-Runde sicherheitshalber nach nebenan, um mit 'ner Buddel Sekt in der Hand unserem Neuzugang »Herzlich Willkommen« zu sagen.

Ja, denn. Einen Antrittsbesuch erledigt man bei uns durch die Vordertür. Ich musste dort ziemlich lange klopfen, wollte aber keinen Rückzieher machen, da ich von allen Seiten aus sicherer Entfernung unter offizieller Beobachtung stand.

Wie soll ich Frauke beschreiben? »Überwältigend« trifft es am ehesten. Was hat sie sich ganzkörper-gefreut, als sie mich begrüßte! Ein einfaches »Moin« hätte auch gereicht. Ich bin ja nicht so für Streichel-Zoo. Die anschließende Hausbesichtigung hat mich dann doch echt sprachlos gemacht. Doll was sagen mochte ich nicht, weil ich wegen des Räucherstäbchen-Miefs kaum atmen konnte und im flackernden Schein einer Million konkurrierender Duftkerzen sowieso nichts von der Einrichtung zu sehen war. Außerdem wollte ich Fraukes biografischen Redefluss nicht unterbrechen. Die Eckdaten? Mitte Vierzig, erfolgreich geschieden, beruflich engagiert als »Lebensberaterin« (was immer das auch sein mag). Irgendwie alles vage und undurchsichtig – im Gegensatz zu ihren wallenden Klamotten.

Den Begrüßungssekt haben wir dann in ihrem Garten getrunken – zwischen klimpernden Windspielen mit Blick auf einen mystischen Steinkreis. Hätte auch ein Mini-Stonehenge sein können. Ich mochte echt nicht fragen.

So, Frauke, ich muss dann mal wieder – wenn was ist, meldest Du Dich einfach bei uns.

Seitdem war dann öfter mal was. Frauke machte die Runde, guckte jedem, der bei drei nicht auf 'm Baum war, ergriffen in die Augen – und wollte naturnahe Lebensmittel borgen.

Aahlke mochte ihr was Gutes tun und die Hälfte ihrer wöchentlichen Supermarkt-Fresspakete überlassen. Eilsine dachte praktisch und suchte lieber was Anständiges zum Anziehen raus. Nur Kea war geistesgegenwärtig genug, eine Handvoll alter Möhren vom Karnickel-Futter abzuzweigen.

Ab und zu ließ sich Frauke sogar bei unseren Mädels-Abenden sehen. Kräuterlikör ist ja auch irgendwie ökologisch wertvoll. Je mehr sie trinkt, umso normaler wirkt sie. »Gieß doch der Frauke schnell noch einen ein – am besten einen Großen!«

Ihr inniges Verhältnis zum Postboten steht hier nicht zur Diskussion. Das ergab sich ganz von selbst, als immer mehr Lieferungen von vielzähligen Lebensberaterbedarfs-Händlern bei ihr eintrudelten.

Dann startete Frauke so richtig durch. Zu ihrem ersten Workshop-Wochenende kamen massenweise Leute. Bestimmt fünf Autos standen in der Einfahrt – das erfüllt bei uns am Deich den Tatbestand eines veritablen Staus. Und was für Leute da ausstiegen …! Alle in sehr bequemen Outfits und irgendwie so … äääääh … gar nicht adrett. (Da waren sich Kea, Aahlke und Eilsine auf Anhieb einig.)

Gut. Die Urschrei-Übungen nach 22.00 Uhr hätten jetzt nicht notgetan. Davon abgesehen gab es nichts wirklich Besorgniserregendes.

Der nächste Kurs war schon so ausgebucht, dass die Besucher anfingen, in Fraukes Garten zu zelten.

»Wollen diese Alt-Hippies jetzt 'ne Kommune machen???«

Hätte ich das bloß nicht laut gesagt! Bestimmte gesellschaftliche Phänomene sind am kulturellen Bewusstsein unserer Ureinwohner spurlos vorbeigegangen.

»Watt sind Hippies? BLUMENKINDER??? Wer will denn HEIRATEN?!«

»Kommune? Näää, mit Politik musst Du jetzt nicht kommen!«

Dann fing Vadder Claas frühmorgens an, bei mir im Garten Rasen zu mähen. Mit dem Aufsitz-Mäher. Immer nur die eine Bahn – an der Grundstücksgrenze zu Frauke.

Schön langsam. Auf und ab. Rauf und runter. Danach war er verschwunden. Auch Kea vermisste ihren Krischan. Gefunden haben wir sie dann alle bei Focko auf'm Hochsitz, die Feldstecher im Anschlag. Klar – den Nackt-Yoga-Kurs wollte keiner verpassen!

Jedenfalls sind wir glücklich über die vielfältige soziale Bereicherung, die uns Frauke unermüdlich beschert. Wollen Sie mal zu Besuch kommen?

Kommunisten gucken können Sie bei uns samstags und sonntags nach Vereinbarung. Sitzplatzreservierung telefonisch möglich, Ferngläser bitte mitbringen. (Tee und Gebäck inklusive.)

Friesische Verkehrsförderung

Letztens hab ich mich mal wieder vertan. Ich dachte, dass wir mit Sperrmüll dran wären. Fix eine halbtote Palme aus'm Wintergarten auf die Straße gezerrt, ein paar Jäger-meister-Minis als Motivationshilfe drangetackert – und als ich nach vier Tagen aus der Stadt wiederkam, stand das Ding immer noch da. Inzwischen hingen außerdem etliche fiese Deko-Früchte und frische Papierblumen dran. Meine lieben Nachbarinnen waren davon ausgegangen, dass ich netterweise schon mal mit dem Maibaum-Aufstellen ange-fangen hätte. (Sperrmüll ist erst nächste Woche!)

Ja, nun. Maibaum ist 'ne ernste Angelegenheit. Darüber macht man keine Witze! Man baut so ein Ding auf, freut sich darüber und versichert sich gegenseitig stundenlang, wieviel schöner das Teil ist a) im Vergleich zum Vorjahr und b) im Vergleich zur nächsten Nachbarschaft. Dann kommt der schwierige Teil. Man verteidigt sein Prachtstück gegen feindliche Übernahmen zu später oder sehr früher Stunde. *Das* wollten wir schon lange mal machen.

Bis wir alles nötige Zubehör für einen angemessenen Mädelsabend vor Ort hatten, war es schon fast dunkel. Da kommt aber auch was zusammen! Soll ja keiner hungern, ohne zu frieren. Von mir stammten lediglich die Sitzkissen.

Alles andere wurde zu Fuß, im Fahrradanhänger oder mit dem Trecker rangekarrt. Meine eingeborenen Nachbarinnen trauen mir in Sachen Gastfreundschaft noch nicht viel zu. Zumindest nichts Gutes. Zuerst fand ich die 20 Schweineschnitzel von Tant' Eilsine etwas übertrieben – bis mir einfiel, dass Frauke gerade von ihrem dreitägigen Heilfasten mit der Yoga-Gruppe zurück war. (Das ist eben *das* Insider-Wissen, welches eine gute friesische Hausfrau vorausschauend planen lässt …!)

Kräuter-Likörchen sind Ideal-Standard, Sekt ist gut für den Kreislauf, lieblicher Wein sozial anerkanntes Dessert – wenn Friesinnen feiern, machen sie keine Gefangenen.

So gegen 02:00 Uhr fiel auf, dass wir immer noch total unter uns waren. Wir hatten zwar alle Lampen an, aber im Dorf waren sie anscheinend schon aus. Tant' Aahlke hatte sich uneigennützig unter großer Anteilnahme aller auf den Trecker gewuchtet, um Richtung Zivilisation zu gucken. Trotz sternenklarer Doppelbilder vor ihren Adleraugen waren keine Annäherungsversuche an unseren Luxus-Maibaum zu erkennen. *Das* gab uns dann doch zu denken. *Warum* kommt uns keiner besuchen? Liegt es wirklich daran, dass wir doch ein bisschen sehr außerhalb wohnen? Ich blende mich gedanklich an *der* Stelle aus, wo Eilsine und Kea die alten Stories rauskramen von *damals*, als sie noch *ohne* Schuhe *jeden* Tag die paar Kilometer zur Dorfschule *gelaufen* sind, *nachdem* sie die ganze Stallarbeit erledigt hatten. Ich kann's echt nicht mehr hören. Nützt uns auch überhaupt nix in Sachen Besucher-Gewinnung. Schreckt höchstens ab.

Mehr Verkehr am Deich wär schon schön – ach, ja. Das

sollte wohl zu schaffen sein. Aber sowas von! Dann machen wir einfach …! (Kennen Sie den Begriff »Schnaps-Idee«?)

Frauke, BESTELL doch mal …! Die Gute ist zwar schon halbkomatös, hört aber auf ihr Zauberwort.

Mensch, was haben wir gelacht an dem Abend. Also – wenn *das* klappt …! Warum sind wir eigentlich nicht schon früher da drauf gekommen? Die blöden Gesichter von den anderen möcht' ich mal sehen! Oh jaaa – und dann denk mal an das ganze *Geld*!!!

An dieser Stelle musste ich mich technisch K.o. ausklinken. Mir fehlt doch etliches an Party-Kondition. Die Damen trainieren eben erheblich länger.

Drei Arbeitstage später bin ich für ein langes Wochenende wieder zu Hause.

Wow – *da* steht er! Wundervoll. Einmalig! Futuristisch silbern schimmernd in der Nachmittagssonne – ein Gedicht! Ein Prachtstück von einem KONDOM-AUTOMATEN! Unglaublich schön – hier bei uns am Deich, wo die Welt zu Ende ist und sonst keiner hinkommt. Jedenfalls nicht freiwillig.

Was soll ich sagen?! Die Verhüterlis »mit Noppen« sind komplett aus – und in dem Schacht für die schwarzen Gummis sind nur noch zwei Schachteln drin.

Und: Wir wissen ums Verrecken nicht, *wer* an dem Ding dran war. Obwohl unser nagelneuer Kondomi praktisch unter Dauerbeobachtung stand!

Selbstverständlich hab ich mir gleich eine Wildkamera mit Foto-Falle auf den Einkaufszettel geschrieben. Ist diese Woche bei ALDI im Angebot.

Sollten Sie also demnächst irgendwo mitten in Friesland das dringende Bedürfnis nach frischen Kondomen haben, vergessen Sie bitte keinesfalls, am Automaten freundlich zu lächeln! Wenn Sie möchten, schicken wir Ihnen gern das Bild nach Hause.

(Auf Wunsch auch im Umschlag.)

Bauer sucht Frau

Mit ihrem Menno hat es Tant' Eilsine auch nicht leicht. Der Bengel ist schon 35 und hat bis heute keinerlei Anstalten gemacht, sich um die Hofnachfolge zu kümmern. Ja, denkt er denn, er würde ewig leben?! Dabei wünscht sich Eilsine doch so sehr ein paar Enkelkinder. Dafür würde sie notfalls auch eine Schwiegertochter in Kauf nehmen. Muss ja. Irgendwie. Geht ja nicht anders. Wenn die bloß kochen kann. Und gerne gründlich putzt. Einen Führerschein müsste sie haben, sich um den Garten kümmern, im Stall mit anpacken und dem Vaddern die Büroarbeit abnehmen. Nebenher sollte sie noch einen krisensicheren Job haben. Am liebsten bei der Gemeinde. Aber bloß nicht so eine Vorlaute aus der Stadt. Wenn das Mädel dann noch ein bisschen Geld mitbringt – kein Problem!

Eilsine hat ihren Ruhestand akribisch geplant. Schön aufs Altenteil zurückziehen, bisschen kürzertreten auf dem Hof – und ganz viel verreisen. Nach Wittmund zum Beispiel. Sogar Oldenburg steht zur Diskussion.

Tant' Eilsine versäumt keine Folge von »Bauer sucht Frau« und hat sicherheitshalber auch die »Landjugend« abonniert – wegen der Kontaktanzeigen. Die ihr genehmen schneidet sie aus und tackert sie an den Kühlschrank.

Wenn Fotos dabei sind, freut sich Vadder Claas. Menno zuckt nicht mal. Irgendwie scheint er schwer vermittelbar zu sein. Trotz des schuldenfreien Hofes. Ich fürchte, dass er das aber auch als Zahnarzt oder Rechtsanwalt wäre. Eigentlich ist an ihm nix verkehrtes. Groß isser. Rotblond sind hier viele. Für seinen äußerst friesischen Quadratschädel kann er nix. Nach der Arbeit immer schick in gebügelten Cordhosen und feinem Hemd – so lange er seine Schuhe anlässt, kann man ihn überall mit hinnehmen. Zum Beispiel in eine Ü30-Disko. Da hab ich ihn letztens hingeschleppt. Wegen der Frauen-Quote. War jetzt nicht *so* der Brüller. Die meiste Zeit hat er auf dem Parkplatz gestanden und Autos geguckt. Dabei hat er sogar gelächelt (wenn man den Begriff etwas weiter fasst). Und er hat zwei Mal laut und deutlich »Jo!« gesagt. Ja, er wollte noch ein neues Bier.

Gut – Menno spricht jetzt nicht übermäßig viel. Aber »Moin!« sagt er immer. Mehr muss ja nicht. Ich meine – welche Frau möchte schon so eine alte Sabbeltasche um sich rum haben?

Probehalber habe ich Menno mal den »Erotischen Landmaschinen-Kalender« geschenkt. Den mochte er wohl. Jetzt ist in seinem Jugendzimmer bei Eilsine und Claas unterm Dach seit Jahren »Juni 2012«. Dieser astreine Pin-Up-FENDT 936 Vario (mit 361 PS und Allrad) ist ja wohl der HAMMER! (Oder so.) Die Nackige da auf'm Bild müsste aber nun wirklich nicht sein. Kann man sich den Schlepper nicht ohne das Mädel ausliefern lassen?!

Ach, Menno!!!

Inzwischen sind Eilsine, Aahlke und Tant' Kea dazu übergegangen, ihre Ferienwohnungen nur noch an Familien mit spätpubertären Töchtern zu vermieten. Wenn die nämlich knackige 20 sind, ist Menno im besten heiratsfähigen Alter. Nun guck doch mal, Junge!

Wir lehnen uns zurück und beobachten interessiert original friesisches Paarungs-Verhalten – Bauern-Balz »live und unplugged« auf dem Claasen-Hof.

Ach so – Tant' Eilsine lässt ausrichten: Wenn Sie zufällig einen robusten romantischen Rinderwirt (1,98 Meter, 112 Kilo, 1.200 Hektar Land) suchen, möchten Sie doch bitte mal bei ihr anrufen. Kochen würde sie Ihnen schon noch beibringen!

Ganz unter uns:

Die zwischenmenschliche Kontaktaufnahme zu Beziehungszwecken ist auf dem platten Land eine wahnsinnig komplizierte Angelegenheit. Jeder kennt nicht nur jeden, sondern auch dessen Familien-Geschichte und Vermögensverhältnisse. Das macht die Partnerwahl sehr übersichtlich. Ist Ihnen auch schon aufgefallen, dass wir in Friesland pro Quadratkilometer Fläche eigentlich relativ wenig verschiedene Familiennamen haben???

Am Busen der Natur

Wenn ich mal nicht zu Hause bin, gibt der Briefträger meine Post gewohnheitsmäßig bei den Nachbarinnen ab. Er könnte sie ja auch einfach bei mir in den Briefkasten legen – aber dann hätten die Damen unter der Woche keine soziale Abwechslung. Ich gönne ihnen den Spaß. So viel Post vom Landkreis kriegt sonst keiner – meistens sind es leider nur frische Ziel-Fotos.

Letztens kam 's knüppeldick. Vier Briefe auf einmal. Und die Absender erst! NLWKN, LK FRI, NABU und BUND – einen ganzen Schlag Buchstabensuppe. Geschüttelt – nicht gerührt!

Meine milchquotengeschädigten Mädels haben einen Heidenrespekt vor amtlichen Briefen und verlangten sofortige Aufklärung. *Was* wollen die von Dir? Lies vor!

Ja, nun. Die wollen mein *Land* (»Hab ich's nicht gesagt?« »Alles Verbrecher!«) – MOMENT! – überqueren, weil unser geliebtes Weltnaturerbe ganz dringend einen pädagogisch wertvollen Wattenmeer-Pfad benötigt. Stimmt – *das* hat uns gerade noch gefehlt! Zeichnung anbei. Soll uns nix kosten, wird ungefähr sechs Wochen dauern, wir entschuldigen uns für etwaige Unannehmlichkeiten, mit freundlichen Grüßen – na, denn!

Zuerst kamen die Männer vom Straßenbau aus der Kreisstadt. Wir mochten sie gern leiden, weil sie gleich aus purer Nettigkeit Aahlkes Hof gepflastert und Fraukes Einfahrt runderneuert haben. Die notwendigen Gründungsarbeiten durch die Salzwiese verzögerten sich dadurch kaum. Was sind schon zwei Wochen – verglichen mit der Ewigkeit?! Das tägliche Frühstück, das meine Mädels auftischten, war ja auch immer zu und zu lecker.

Dann rückten die Zimmerleute an. Anschließend lag eine Art überdimensionierter Bootssteg im Watt – hundert Meter lang und immer fein um die traumatisierten Boden-Brüter herum. Meine Garage kriegte ein Spitzdach mit putzigen Gauben und das Hoftor von Kea schließt endlich widerstandslos. Nur die neue Katzenklappe ist noch ein wenig schwergängig. Insgesamt haben die Jungs vom Bautrupp wohl an die zwölf Kilo zugenommen.

Schließlich erschien der Landrat. *Da* war was los! Eilsine und Kea frisch vom Frisör, Aahlke seit Menschengedenken das erste Mal ohne Kittelschürze – ja, wir haben schon was hergemacht. Kam leider nicht so gut raus – weil es geregnet hat, mochten unsere gewählten Vertreter nicht auf dem unbehandelten Öko-Holzsteg ausrutschen. In der Zeitung war dann so ein olles Archiv-Foto von einer Vorjahres-Schleifen-Durchschneidung.

Inzwischen ist der Rummel ein bisschen abgeebbt. Das Geschäftsmodell, in der Massivholz-Schutzhütte für enthusiastische Ornithologen einen Tee-Ausschank (Kuchen stündlich frisch) einzurichten, hat sich nicht rentiert. Ab und zu kommen ein paar ernsthaft aussehende Leute zu Besuch, schleppen kiloweise optisch-elektronische Ausrüstung über den Steg ins Watt – aber so richtig glücklich hat auf der Heimfahrt noch keiner von denen geguckt.

Ja, nun. Irgendwann wollten die Mädels dann tatsächlich mal ganz ehrlich von mir wissen, was denn so »Ornithologen« sind – und was die den ganzen Tag machen. Ich hab's ihnen erzählt und dafür rote Köppe, Schulterzucken und Bemerkungen wie »Gott – wer's mag …!« geerntet.

So. Sollten Sie demnächst also Frieslands schönstes Dorf besuchen, um eine Bildungsreise zu unserem weithin bekannten Naturkunde-Lehrpfad zu machen, wundern Sie sich nicht, wenn Sie das Gefühl haben, beobachtet zu werden. Nein, Sie sind nicht paranoid! Und wenn dann noch Aahlke, Kea oder Eilsine in Springteufel-Manier hinter ihrer jeweiligen Gartenhecke auftauchen und Ihnen berechtigt interessiert ein »Kennen Sie sich echt gut mit vögeln aus?« entgegenschmettern, liegt es eben daran, dass ich neulich beim Erklären die Großbuchstaben nicht extra mitgesprochen habe.

Pelle, der Eroberer – tiefergelegt!

Mit ihrem mantramäßigen Geseufze nach ein paar wohlgeratenen Enkelkindern hat Tant' Eilsine nicht nur ihren Menno genervt. Irgendwann konnte es auch Vadder Claas nicht mehr hören und brachte vom Jäger-Stammtisch einen Welpen mit nach Hause. Eine Handvoll Hund, 98 Prozent Rauhaardackel – und die Mutter hat sogar einen Stammbaum! (Genau. Die Kastanie am SPAR-Markt.)

Ist ja nicht so, als ob die Mädels nicht genug Viehzeugs auf ihren Höfen haben. Aber »Pelle« hier sollte etwas ganz Besonderes sein. Weder zum Arbeiten noch zum Essen – der pure Luxus-Hund. Natürlich hatte er uns mit seinem serienmäßig mitgelieferten, patentierten Dackelblick in allerkürzester Zeit um die gestreckte Mittelkralle gewickelt. Vorne süß gucken und gleichzeitig hinten aufs Sofa pinkeln – was isser doch hochbegabt, der Lütte! Laufen konnte er relativ spät. Musste er auch nicht, weil er praktisch bis zur Pubertät getragen wurde.

Inzwischen hat er sich über seiner persönlichen Sofa-Ecke eine ansehnliche Trophäensammlung zugelegt. Ein Stück Uniform vom Postboten, ein halbes Tattoo aus der Wade des Stromablesers und einen grünen Fetzen aus der Tierarzt-Hose. Jetzt hat aber auch der letzte mitgekriegt, dass Pelle korrupt bis an die Lefzen ist und jederzeit seinen Beschützerinstinkt gegen ein gutbelegtes Wurstbrot eintauschen würde. Oder für etwas anderes Essbares. Der geborene Küchenstaubsauger eben.

Ihn schlecht erzogen zu nennen, wäre böswillige Verleumdung. In Wirklichkeit ist er überhaupt nicht erzogen. Das ist bei Dackeln ohnehin nur bedingt möglich.

Der coolste Köter Frieslands, der »Checker« vom Deich – vor allem, wenn er auf seiner täglichen Inspektionsrunde cheffig mitten auf der Dorfstraße langzockelt, ahnungslose Touristen zur Vollbremsung zwingt und den einen oder anderen Auffahrunfall provoziert. Dass die nunmehr dritte Haftpflichtversicherung schon wieder den Beitrag erhöht hat, wird durch die regelmäßig eintrudelnden Fresskörbchen von der Autowerkstatt im Nachbarort kompensiert.

Gut – manchmal läuft es nicht so wirklich glatt auf dem Claasen-Hof. Letztens hat mich Tant' Eilsine schon vor Sonnenaufgang panisch aus dem Bett getrommelt. Ihre Feriengäste hatten die Familien-Meerschweinchen mit in den Urlaub genommen und für fünf Euro extra (pro Stück und Tag) im alten Karnickel-Auslauf untergebracht. Weil der arme Pelle vom fiesen Quieken der nichtsnutzigen Nager überhaupt nicht schlafen konnte, hat er wohl kurzerhand notwehrmäßig – na, ja. Ob ich wohl mal fix in die Stadt fahren und zwei Ersatzviecher besorgen würde. Irgendwie so flauschig und bunt. Natürlich bin ich im Tiefflug zur Zoohandlung gerast. Aber wir sind trotzdem aufgeflogen. Meine Neuerwerbungen hatten nicht nur die falschen Flecken, sondern auch das falsche Geschlecht. Kann ja mal passieren.

Gestern war dann aber echt Schluss mit »flauschig«. Notfall-Mädelsabend bei Eilsine.

Pelle hatte Post gekriegt. Sehr amtlich und ungehalten. Schadensersatzforderung!

Scheiße, Alter! Was hast Du angestellt? Pelle sagt nix. Natürlich sagt er nie was. Er guckte nur kurz von der Eierlikörpfütze hoch, die sich aus der umgekippten Buddel auf den Küchenfliesen gebildet hatte. Geht ihn ja alles gar nix an ...!

Hier steht also schwarz auf weiß, dass Eilsines Unschuldsdackel angeblich die preisverdächtige, reinrassige Afghanen-Hündin unserer Dorf-Dichterin geschwängert haben soll. Diese blöde Kuh! (Welche jetzt? *Beide!*)

Kann ja gar nicht! *Wie* denn??? Doch nur, wenn Pelle im entscheidenden Moment auf 'ne Bierkiste geklettert wäre. Und dann wär's ja auch einvernehmlich gewesen. Soll die Olle doch besser auf ihre langhaarige Schlampe aufpassen.

Sowas macht doch unser Pelle nicht. Oder?!

Äääääh ...! Wenn ich mal kurz unterbrechen und auf die beigelegten Beweis-Fotos aufmerksam machen dürfte? Da wird ein Vaterschaftstest nun wirklich überflüssig.

Mensch, Pelle! Zufrieden schaut der Blondinen-Schänder von seinem Klötenköm hoch – und ich könnte schwören, dass er dem armen Menno gerade ziemlich herablassend genießerisch zugezwinkert hat.

Wenn's soweit ist, nehmen wir natürlich den ganzen Wurf zu uns an den Deich. Sie können gern mal gucken kommen! Denken Sie bitte an die Bestechungs-Geschenke für den stolzen Pelle. Sonst lässt er Sie nicht auf den Hof. Oder wieder runter.

Für ein Extra-Leckerli zeigt er ihnen vielleicht auch die

gerahmte Vaterschaftsklage, die jetzt schick an seiner Pinn-
wand hängt.

Veterinär »de luxe«

Als Eike Renken die Praxis vom alten Doktor Johannsen übernahm, waren alle skeptisch. Ein Haustierarzt auf dem Land? Wer braucht denn so was? Ganz ohne Kühe? Wovon will der Junge denn leben?!

Ha! Schon nach zwei Wochen war in der Sprechstunde kein Termin mehr frei – Verabredungen mit dem inoffiziellen Hamster-Flüsterer von Friesland wurden praktisch auf dem Schwarzmarkt gehandelt. Als dann Tant' Eilsine mit ihrem Pelle zum Durchchecken dran war, musste ich nicht nur sie, sondern auch gleich Kea und Aahlke mit dem Trecker ins übernächste Nachbardorf kutschieren. Was hatten sich die Mädels aufgebrezelt! Deswegen musste ich beim Fahren auch den Dackel auf'm Schoß behalten. Pelle ist nämlich der Erfinder der Reisekrankheit und übergibt sich gern flächendeckend bei jedem Tempo, das über Schrittgeschwindigkeit hinausgeht. Nicht auszudenken, wenn den Sonntags-Kostümen der Damen was passiert wäre …!

Im Wartezimmer war es proppenvoll. Mindestens zwei Begleitpersonen pro Tier. Alle weiblich. Ab und zu entlud sich die nahezu greifbar gespannte Erwartung in einem hingebungsvollen, kollektiven Seufzen – nämlich immer dann, wenn Herr Doktor persönlich ein erfolgreich behandeltes Kleintier mitsamt glücklicher Besitzerin Richtung Ausgang komplimentierte.

Ein Bild von einem Mann! Genauso wollte Mr. Pitt schon als ganz kleiner Brad immer aussehen – groß, blond, breitschultrig, markantes Gesicht (vom knackigen Hintern mal gar nicht zu reden), dezent teuer duftend – ein fleischgewordener Landfrauen-Traum (der wilderen Sorte).

Um die Wartezeit ein bisschen abzukürzen, schlug ich Tant' Eilsine vor, Pelle fix mal kräftig zu kneifen und sein garantiertes Fiepen als Notfall zu deklarieren. Kam jetzt nicht so gut an.

Kurz eine Runde ums Haus gedreht. Beim alten Doktor sah es ja immer so ein bisschen aus wie »Friedhof der Kuscheltiere« – letzte Ruhestätte für Therapieverweigerer. Aber jetzt?! Prächtig britisch! Das würde ich auch gern haben wollen. Eine nostalgische Gartentür hat auf mich geradezu magnetische Wirkung. Vor allem, wenn sie nur angelehnt ist. Wollen wir doch mal schauen, ob ich nicht ein paar herrenlose Ableger adoptieren könnte. Ich müsste bloß an dem Gärtner vorbeikommen, der auf allen Vieren lautstark schimpfend mit 'ner Nagelschere an der Buchsbaumhecke Spitzen schnitt. Konnte ich gar nicht hingucken. War auch nicht nötig.

Mit original-friesischer Zutraulichkeit wurde ich nicht nur um meine Meinung gebeten, sondern auch gleich zum Anpacken aufgefordert. »Sagen Sie auch mal was – ist das jetzt geraaade?« Fix zum Trecker geflitzt und die Wasserwaage rausgekramt. Mit der lasergestützen Nivellieroptik wollte ich nicht gleich protzen. Das macht doch einen eher klugscheißerischen Eindruck. (Sie würden sich wundern, was bei uns alles auf der Ladefläche liegt. Ich staune ja selbst immer wieder.)

Wenn ich auch nur ansatzweise geahnt hätte, welche Verzweiflungsstürme ich damit hervorrufe, hätte ich mich wenigstens dieses eine Mal zurückgehalten. Hinterher ist man immer schlauer. So viel wortreiches Drama ist echt nix für mich. Mein neuer Freund näherte sich rasant einem Nervenzusammenbruch. Eine schräge Hecke ist jetzt nicht gerade der Weltuntergang, aber je länger er zetert, umso mehr fühlt es sich doch so an. Vierhändig spielen wir enthusiastisch Gartenscheren-Symphonie mit Choruntermalung, bis wir einen Blickwinkel gefunden haben, von dem aus alles wunderbar perfekt rechtwinklig aussieht. Blöd nur, dass man dafür in vier Meter Abstand ganz flach auf dem Boden liegen und die übernächste Terrakotte anvisieren muss.

Mitten in unsere vereinten Bemühungen hupt mein Trecker. Ach so – Pelle hat's hinter sich, die Mädels warten schon. Was genau ist eigentlich in den ganzen Einkaufstüten? Diätfutter? Gut, bei der Menge braucht der Lütte wenigstens nicht zu hungern. Eilsines Missbilligung (»Hast Du schon wieder im Gubbel gespielt? Pass bloß auf, dass Du den Hund nicht dreckig machst!«) perlt so an mir ab. Ist ja fast keiner mehr da, vor dem mir das peinlich sein müsste.

Beim Losfahren bietet sich im Rückspiegel ein eindrucksvoller Panoramablick auf das Veterinär-Gehöft – sanft schimmernd in der Abendsonne. Doktor Renken und mein Gartenkumpel winken uns zum Abschied hinterher, bevor sie in trauter Eintracht Arm in Arm durch den Garten schlendern.

So! Wenn nun der Gärtner gar nicht der *Gärtner* und

auch nicht der *Bruder* vom Doktor ist, wie ist dann die sozial korrekte Anrede für ihn? Die Gattin eines Arztes ist auch heute noch bei uns per Dorf-Definition »*Frau* Doktor«. Wie unterscheidet man aber nun zwei *Herren* Doktor?

Und – viel wichtiger: Wird sich der neue Herr Doktor auch regelmäßig am Handarbeitsbasar der Landfrauen beteiligen?

Ganz unter uns:

Auf dem Dorf hat man immer so sein Tun. Es ist beileibe nicht so, als würden wir nur ständig Tee trinken und über die abwesenden Nachbarn herziehen. Oder im Vorgarten staubsaugen und neue Häkelgardinen in die Fenster frickeln. Weit gefehlt! Montags ist Landfrauen-Abend, dienstags Chor und am Mittwoch Handarbeits-Runde, bevor donnerstags die Kriegsgräber-Fürsorge ruft. Da kann man echt froh sein, wenn man überhaupt vor Mitternacht ins Bett kommt!

Dass dieser ganze Terminstress nicht schon längst zu einem flächendeckenden Bevölkerungs-Burn-out geführt hat, ist eins der vielen friesischen Wunder.

Meerblick

Arrrgh – es ist Sommer! Gut – kam auch in den Nachrichten. Aber dort ist das für uns eher eine abstrakte Größe. Genauso wie die Berichte von überbuchten Feriendomizilen und den ins Unendliche steigenden Urlauberzahlen an der Nordsee.

Trotzdem muss man manchmal das heimatliche Kaff verlassen, um sich beim Fisherman und seinen Friends frisches Abendessen zu besorgen. Am besten direkt vom Kutter im Hafen ... los geht's!

Ha! »Los« klappt noch – »geht« schon schlechter. Stop and go bereits beim Abbiegen auf die Landstraße. Vorausschauend hatte ich mir vorgenommen, diesmal die empfohlene Richtgeschwindigkeit auf dieser Reiseroute etwas weniger als sonst zu überschreiten. Tourismus ist die Haupteinnahmequelle unserer Region. Da wollen alle Behörden was von haben. Das lukrative Geschäft mit kostenpflichtigen Urlaubsfotos live vom Straßenrand kann sich der Landkreis nicht entgehen lassen. Aber es hätte noch nicht mal eine amtliche Geschwindigkeitsbegrenzung gebraucht. Die Straße war voll. Blech an Blech. Und mittendrin: Horden von Radfahrern. Kleingruppen, größere Rudel, Doppelreihen, ungeordneter Konvoi – alle Fahrformationen vertreten.

Warum tun die das? Direkt hinter dem Deich ist ein gut gepflegter, mindestens vierspuriger Radweg. Mit Meerblick und Seeluft. Ausgeschildert. Aber anscheinend wollen gerade Neuankömmlinge aus dem überwiegend industrialisierten Binnenland einen allzu großen Kulturschock vermeiden und klammern sich an liebgewonnene Autoabgase und prickelnd-kuschelige Fahrzeugfülle.

Na – so lange alle fein die Kurtaxe bezahlt haben, soll uns das egal sein.

Schon von weitem erkennen wir, dass der Parkplatz am Hafen aus allen Nähten platzt. Hektisch wühle ich im Handschuhfach nach meinem »Eingeborene-dürfen-das«-Schildchen. Ein warnender Aufschrei meines beifahrenden Gatten reißt mich zurück in die Realität. Vollbremsung. Von Schritt-Tempo auf Null in einer Sekunde – aber keine zu spät. Mitten in der Zufahrt hat sich eine liebende Mutter auf ihr fülliges Hinterteil gesetzt, um ihrem krebsrot verbrannten Junior ein Fläschchen Cola zu reichen. Hallooooo? Noch einen Meter bis zum Bürgersteig?! Dran vorbei geht nicht, einfach drüber wäre illegal.

Hinter mir hupt es. Vor mir versucht ein Reisebus mit den Teilnehmern einer Original-Krabben-Tour auszuparken. Zwei motzende Senioren im Partnerlook brettern auf ihren chip-getunten E-Bikes volle Möhre in die Kühltaschen-Pyramide einer unübersichtlichen Großfamilie. Ich will wieder nach Hause. Ganz dringend. Am besten sofort. Mein Mann verlässt das Auto. Der Duft des Sommers bleibt. Wie der bei uns an der Küste riecht? Nach Fischbrötchen, Sonnenöl und verschwitzten Badegästen.

Danke, Schatz! Du mich auch! Es ist nicht so, dass ich meinen Willem nicht liebe. Ich bete den Boden unter seinen

Füßen an – lasse ihn jedoch ungern allein unbeaufsichtigt auf heimischem Territorium mit größeren Menschenmengen. Was soll ich sagen – er ist Künstler! Und wo wir Durchschnittsbürger planlos herumwuselnde Leute sehen, ist das für ihn *Publikum*. Das liebt er! Da lässt er alle friesische Zurückhaltung fahren und mischt die Massen auf, als hätte es zum Frühstück Sprechperlen gegeben. Schadensbegrenzend schalte ich den Geländegang zu, drücke auf die Hupe, weiche über Bordstein und Berme dem Schlimmsten aus und brettere hinter meinem Geliebten her.

Die Pöbeleien der anderen Hafenbesucher gehen im Motorengeräusch verloren. Keiner stellt sich meinem Trecker in den Weg, wenn ich am Steuer sitze und fies gucke! Glücklicherweise hat der Hafenmeister meine Notlage erkannt und winkt mich auf den Personalparkplatz. Wir haben dieses Manöver schon häufiger geübt – diesmal lässt er den Schlagbaum auch so lange oben, bis ich ganz durch bin.

Der Einkauf am Anleger ist Minutensache. Trotzdem bleibt es eine traurige Tatsache: Mein Mann ist weg! Kurz entschlossen springt die Saisonkraft vom DLRG bauchmuskelspielend auf's Wetbike und sucht vom Wasser aus nach meinem Herzallerliebsten. Quer durch den Anfänger-Surfkurs durch – wobei die Neuen das Runterfallen längst ohne fremde Hilfe draufhaben. Der Hafenmeister reicht mir sein Ersatz-Fernglas. Gemeinsam scannen wir den Horizont.

Hab ihn! Hundert Meter weiter erkennt man im Windschatten der mobilen Fischräucher-Bude, dass sich eine größere Menschenmenge erstaunlich geordnet und nahezu andächtig zusammenrottet. Gottseidank – da isser ja.

Doch, Sie kennen meinen Mann. Waren Sie nicht bei

seiner letzten spontanen Hafen-Führung dabei? Sie erinnern sich doch bestimmt an diesen großgewachsenen, durchaus seriös wirkenden Herren, der so wunderbar in gepflegtem Hochdeutsch aus dem Stegreif stundenlang über Geschichte, Land und Leute referieren konnte? Charmant und gutaussehend? Liebenswürdig und eloquent? Ein echter Hingucker? Oh – Autogramme hat er auch gegeben? Nun, das macht er von Zeit zu Zeit. Trotz seiner angeborenen Bescheidenheit. Man kann ihm wirklich stundenlang zuhören. Ich tu's ja auch. Meistens jedenfalls.

Die ganze Sache hat nur mehrere kleine Haken. Ich weiß ja nicht, was er Ihnen im Einzelnen erzählt hat – aber: Die Wikinger sind *nicht* »genau hier« und schon gar nicht im Jahr 883 zum großen Raubzug an Land gegangen. Hier wurde auch kein Goldschatz im Watt vergraben. Dass die Kurverwaltung mitten im Naturschutzgebiet den Bau eines vierstöckigen Parkhauses mit Meerblick plant, ist ein selbsterfundenes Gerücht. (Bitte rufen Sie *nicht mehr* bei der lokalen Touristen-Information an, um den Beginn der Protest-Demonstration dagegen zu erfahren.) Und NEIN, die massenhafte Fäkalien-Verklappung der vorbeifahrenden Container-Schiffe direkt vor diesem idyllischen Badestrand ist nicht bestätigt. Bei Ebbe riecht es hier immer so.

Sind Sie jetzt enttäuscht? Müssen Sie nicht. Sie sind um etliche lebenswichtige Erfahrungen reicher und können nach dem Urlaub zu Hause mit echten Insider-Informationen glänzen. Friesland ist einzigartig, unterhaltsam und voller Überraschungen.

(Fragen Sie nur mal meinen Mann!)

Ganz unter uns:

Hab gerade darüber nachgedacht, ob und wie meine geliebten Nachbarn eigentlich Urlaub machen. Eine umgehende Meinungsumfrage brachte folgende Ergebnisse: Tant' Kea hat keine Zeit für sowas, weil sie endlich mal die ganze Hütte in einem anderen Pink dekorieren möchte. Tant' Aahlke hat wohl schon mal davon gehört, weiß aber nicht, wie das geht. Tant' Eilsine lässt es richtig krachen und nimmt drei Wochen Auszeit, in der sie die von der Landwirtschaftskammer gestellte Hof-Hilfe auf schwiegertöchterliche Eignung testen wird. Eigentlich ganz logisch: Sie kommen nach Friesland, um in den unendlichen Weiten unserer Wildnis exotische Abenteuer zu erleben. Da muss ja was dran sein – also bleiben wir hier!

Auf Heimaturlaub

Was haben wir uns auf diesen Urlaub gefreut! Ländliche Idylle, Hardcore-Romantik am Deich, Ruhe, Frieden – und ganz viel kreative Zweisamkeit. Was man sich so von einem perfekten Urlaub wünscht eben.

Ging auch ganz gut los. Morgens pünktlich 06:00 Uhr aus dem Bett geschossen – Blick nach draußen – verdammt! Muss ich schon wieder Fenster putzen? Gottseidank – es ist nur Seenebel. Fix den Trecker angeschmissen und ins nächste Dorf mit Supermarkt gebrettert – dabei ein lauschiges eheliches Frühstück auf der Terrasse im Hinterkopf gehabt. Wird ja immer gern genommen.

Auf dem Heimweg kurz vor dem finalen Abbiegen sehe ich aus dem Augenwinkel Pelle, wie er dem Mittelstreifen der Bundesstraße Richtung Heimat folgt. Das ist ja mal eine amtliche Erweiterung seines Aktionsradius – nein, ich will gar nicht wissen, wo er herkommt (und warum). Warnblinken, Vollbremsung, aussteigen, Dackel einsammeln, ihn zum Mitfahren überreden – weiter geht's.

Einen Kilometer weiter kommt mir Claas entgegen – am Schlepper alle Lampen an. Vermisst Du Deinen Hund? Nääää, vier Kühe. Kannst' mal zu uns auf'n Hof kommen, Dir das Quad nehmen und suchen helfen? Menno ist schon mit dem Mofa los. Hab ich samstags in aller Herrgottsfrühe eigentlich nix besseres zu tun??? Äääh … nein, hab ich nicht. Dackel gegen Quad tauschen, Eilsine bitten, meinem Mann die Brötchen vorbeizubringen – und:

Jiiiiiehaaaaaa! Ehrlich gesagt, sind mir die dummen Kühe piepegal – aber insgeheim liebe ich dieses Cowboy-Feeling heiß und innig. Zittert, ihr Viehdiebe! Gleich gibt's ein Showdown am O.K. Corral!!!

Allrad macht Laune. Jedenfalls, solange der Sprit reicht. Beim letzten »Börps« des Motors weiß ich auch genau, dass mein Handy im Auto liegt. Zum Glück hat Focko, der die Kuh-Patrouille von seinem Hochsitz aus koordiniert, meinen Rumpelstilzchen-Kriegstanz durch den Feldstecher beobachtet und die Nachbarschaft von meiner Notlage informiert. Menno bringt als rettender Ritter auf dem Mofa nicht nur einen Benzinkanister, sondern auch die Jubelbotschaft, dass sich die Kühe wieder angefunden haben.

Bei Claasens in der Küche tobt mittlerweile das Elführtje. Hier treffe ich auch meinen geliebten Gatten. Wenn man Eilsine glauben darf, war er halbverhungert und praktisch völlig dehydriert – da *musste* sie ihn einfach zum Frühstück adoptieren – und zum Mittag bleibt er auch, jawoll! Bei Dir gibt's ja nie was Richtiges zu essen – das weiß doch *jeder*! Bei Euch sind doch dauernd nur Pizzakartons in der Mülltonne! (Dem Deich-Mossad entgeht wirklich nix.)

Während die eingeborenen Ur-Friesen alle Neuigkeiten der letzten Wochen diskutieren (Wer mit wem? Hochzeiten? Geburten? Todesfälle? Sonstige Verfehlungen???), wirbelt Eilsine am Herd. Für »updröögt Bohnen« würde ich glatt mördern. Außerdem bin ich durch mein landwirtschaftliches Workout ziemlich ausgezehrt. Ja, danke – ich nehme gern noch mal nach!

Mitten ins Essen platzt der Postbote, um mir zu verkünden, dass bei uns keiner zuhause ist. Aber Tant' Kea hätte ihn rein gelassen, weil sie sowieso in unserer Küche war, um einen Frankfurter Kranz hinzustellen.

Gegen vier Uhr sind wir endlich in unserer Hütte, aber mitnichten allein. Focko hat schon auf uns gewartet. Ob ich nicht wohl eben mal schnell ein schickes Foto von seinem neuen Schafbock machen könnte? Na, nun kommt's auch nicht mehr darauf an – wo isser denn, der Neue? WAS? Bei uns im *Garten*?!

Gut. Wir haben dann doch noch ein Fotoshooting gemacht. Morgen kommt Focko mit den Ersatz-Hortensien und will versuchen, die Hecke zu reparieren.

Zum Abendbrot gibt's Frankfurter Kranz. Mehr kann man von einem ersten Urlaubstag nicht erwarten.

Kurz noch mal in den Rechner geguckt. Booooooah – eine Riesen-Handvoll Mails von allen liebsten und besten Freunden, die uns einen ruhigen, erholsamen Urlaub wünschen. Und wenn wir uns am Deich zu sehr langweilen würden, wären sie allesamt sofort und auf der Stelle bereit, aufmunternd vorbeizukommen – Anruf genügt!

Leider bin ich viel zu müde und kaputt, um allen eine persönliche Antwort zu tickern.

Deshalb: Wenn Ihr dies hier lesen könnt – Dankeschön für Eure großzügigen Angebote – aber gerade im Moment hält sich unsere Langeweile noch in Grenzen.

Ganz unter uns:
Zum Glück hat sich die Idee von »Emanzipation« und »Gleichberechtigung« am Deich nicht durchgesetzt. Das fehlte ja gerade noch, dass unser traditionelles

häusliches Matriarchat von irgendwelchen nichtsnutzigen Männern aufgemischt würde. Man käme ja zu nix mehr, wenn einem die Biester dauernd in der Küche vor den Füßen rumstehen würden. Nein – Männer gehören in den Stall oder die Scheune. Da können sie sich in sicherer Entfernung zum ordentlichen Wohnzimmer zusammenrotten und endlich mal ausmisten. Oder mit viel Getöse und teuren Werkzeugen ein Blutbad anrichten. Himmel – in der Zeit, in der unsere Jungs seit Jahren versuchen, nur einfach mal eine Garage aufzuräumen, hätten andere Leute nicht nur eine Arche gebaut – da wäre sogar die Sintflut schon längst durch. Aber: Solange sie gesund sind und sich nach dem Draußen-Spielen fein die Füße abputzen, lassen wir uns bei unseren Teekränzchen nicht stören.

Ein Mann muss tun, was ein Mann tun muss – und was das ist, wird ihm seine Frau schon erzählen.

Es lebe der kleine Unterschied!

Das Küchenwunder

Haushaltstechnisch gesehen habe ich bestimmt jede Menge Potential. Wer mich aus leidvoller Erfahrung kennt und sich erinnert, dass ich bereits 1998 das weltweite Massensterben der Tamagotchis praktisch im Alleingang erledigt habe, wird mir bestimmt keine Zimmerpflanze schenken.

Aber kochen kann ich. Zumindest theoretisch. Nur muss man dazu ganz viel Zeit und Bock haben, vorzugsweise beides gleichzeitig. Das klappt bei mir schon mal relativ selten. Wenn man meinem geliebten Gatten Glauben schenken darf, war es das letzte Mal im Herbst 2012. (Wegen der ewigen Sturmfluten kam man damals wirklich kaum vor die Tür.)

Doch jetzt, als friesische Teilzeit-Landfrau, habe ich einen Ruf zu verlieren – nämlich den als Küchen-Legastheniker.

Wie wär's heute mal mit feinen Rinder-Rouladen, Schatz?

Ist ja 'ne Menge Arbeit mit den ollen Fleischlappen. Klopfen, streicheln, bepinseln, künstlerisch falten, professionell zusammenstecken – irgendwie so Origami mit ganz viel Ikebana. Mir wird ganz schwindelig, wie ich so in Claasens Küche beim Tee sitze und Eilsine beim Brutzeln zugucke. Andächtig lausche ich ihren weitschweifigen Erörterungen, die zwar jetzt nix mit Kochen zu tun haben – aber es ist für einen verdammt guten Zweck: Vier von den Rouladen, die in den unendlichen Weiten ihres glühenden Backofens verschwinden, sind für mich. Dafür kann ich schon mal Verständnis und Anteilnahme heucheln.

So – jetzt sollte ich mich fix nach Hause trollen und Kartoffeln kochen – das wird wohl zu schaffen sein. Ratzfatz kloppe ich so ein paar Knollen aus der Schale – ab in den Pott, Herd an – wird schon werden. Dauert aber wohl noch.

In der Zwischenzeit will ich eben mal gucken, ob ich am Zuggraben zum Deich noch das Nest mit den pubertierenden Bisamratten wiederfinde. Fehlanzeige. Aber die ganzen vielen Frösche sind auch lustig und lassen sich gut fotografieren.

Meine naturkundliche Meditation wird jählings vom Gebrüll des Postboten gestört. Der stürmt im Schweinsgalopp quer durch den Garten auf mich zu und schmeißt den ganzheitlich verkohlten Ex-Kartoffel-Topf volle Möhre ins Wasser.

Treffer – versenkt! Lakonisch versichert er mir, dass es nun nicht mehr bei mir brennt. Post liegt auf'm Tisch – bis morgen!

Vorsichtig taste ich mich an den Schauplatz der Küchenschlacht zurück. Ist jetzt nicht *so* schlimm. Wenn ich ungefähr eine Woche lang Durchzug in der Hütte mache, riecht man bestimmt nichts mehr. Großzügig arbeite ich mit Raumspray und setze erst mal Tee auf. (»Wasserkocher« kann ich genauso professionell wie »Mikrowelle«.)

Gottseidank ist die Post bei uns am Deich nicht wirklich still. Zuerst kommt Tant' Aahlke um die Ecke und demonstriert ihre allergeheimste Wunderwaffe gegen verkokelte Kochplatten. Kurz danach trifft Kea mit ihrem obligatorischen Frankfurter Kranz ein. So ein Kuchen geht doch immer – bevor hier gar nix zum Essen auf'm Tisch steht …!

Aber Eilsine übertrifft sich selbst (und alle anderen sowieso). Ihr Fahrrad biegt sich unter der Last von Pötten, Schüsseln und Dackel, als sie in bedenklicher Schräglage schwungvoll die Auffahrt hochbrettert.

Nun habe ich nicht nur original-selbstgemachte Rouladen mit literweise Sauce, sondern dazu noch Rotkohl, Wurzelgemüse, Erbsen und Kartoffeln bis zum Abwinken.

Schatz – Essen ist fertig! *Das* war vielleicht 'ne Arbeit!

(Und morgen gibt's dann wieder Pizza.)

Ganz unter uns:
Wer hat eigentlich gesagt, dass das Landleben gemütlich und beschaulich ist? Dem würde ich ja wohl mal zu gerne eine reinhauen! Gerade tobt bei mir der absolute Deich-Wahnsinn. Ich hüpfe panisch durch die Hütte und suche das heilige Uralt-Kochbuch (angeblich seit Jahrhunderten im Familienbesitz, die handschriftlichen Anmerkungen da drin sind noch in Sütterlin-Schrift). Mein geliebter Gatte hat in aller Unschuld die lieben Nachbarn zum Grünkohl-Essen eingeladen – tja, und nun ist die Kacke am Dampfen (natürlich rein bildlich gesprochen)! Da Sie meine äußerst eingeschränkten hausfraulichen Fähigkeiten zur Genüge kennen, mache ich mich in Erwartung einer mittelschweren Katastrophe seufzend an die Arbeit.
(PS.: Es würde ja schon mal helfen, wenn ich wenigstens meine Brille finden würde…!)

Das große Fressen

Eine beliebte Wochenendbeschäftigung bei uns am Deich (genau wie in der »Stadt«) ist Essen-Gehen. Der entscheidende Unterschied ist, dass wir nicht überlegen müssen, ob wir beim Italiener, Griechen oder Chinesen reservieren lassen, sondern ob wir Aahlke, Kea oder Eilsine besuchen. Manchmal lässt es sich auch nicht vermeiden, dass die ganze Bande samstagabends bei uns vor der Tür steht. Da muss man durch.

Nach den Erfahrungen der letzten Jahre habe ich mich dieses Mal für eine äußerst professionelle Herangehensweise entschieden. Die Erinnerung an meine großangekündigte Grünkohlparty 2013 steckt uns allen noch in den Knochen. Bestimmt haben Sie schon davon gehört. Dieser Abend ist als »der große Fuck-up« in die regionale Geschichtsüberlieferung eingegangen. Die Kocherei war mir doch etwas aus dem Ruder gelaufen. Wir mussten schließlich die Lemminge evakuieren, das Erdgeschoss neu streichen und ein anderes Sofa kaufen. Die Spinat-Pizza, die ich als kreative Ausweichvariante angeboten hatte, war auch nicht *so* der Knaller. Jedenfalls war ich seitdem von der allgemeinen Einladungspflicht befreit – bis heute.

Ich weiß ja nicht, ob Sie Grünkohl kennen. Ich mag ihn

aus vielerlei Gründen nicht. Überhaupt nicht. Er sieht aus wie ein wiederverwerteter Kuhfladen, stinkt wirklich durchdringend – und die vielen fettigen Fleischteile, die unbedingt dazu gehören, machen das Ganze nicht sehr viel besser. Aber Grünkohl gehört zu Ostfriesland wie Moin und Tee – da muss ich ab und zu mal meine sozio-kulturellen Hemmungen fahren lassen und das Zeug auf den Tisch bringen.

Jede friesische Hausfrau ist stolz auf ihr persönliches Grünkohl-Rezept, das traditionell mindestens 150 Jahre alt sein sollte und am bestens noch (in einen historischen Torfbrand-Klinker geritzt) im Rauchfang des eigenen Herdes versteckt war. Bitte glauben Sie mir (ich habe leidvolle, einschlägige Vergleichsmöglichkeiten) – am Aussehen und Geruch der grünen Pampe hat noch kein Geheimrezept etwas geändert. Wahrscheinlich müsste man mit Fledermausaugen und Krötenohren experimentieren und würde schließlich ein durchaus geschmacksverbessertes Ergebnis hinbekommen, wenn man den Grünkohl wegließe. Aber das ist Blasphemie – und dafür hab ich gerade mal gar keine Zeit.

Großer Gott – es ist schon 06:30 Uhr – *jetzt* aber! Bewaffnet mit 'nem Pott Kaffee und der Frühstückszigarette hocke ich auf der Küchenbank und tätige den ersten Anruf des Tages beim Schlachter meines Vertrauens im Nachbardorf. Der öffnet seinen Laden zwar erst um sieben, aber wenn er meine Nummer im Display sieht, weiß er, dass es sich um einen absoluten Notfall handelt.

Ich mag ihn wirklich sehr gern. Er hat mir schon so manches Mal aus der Patsche geholfen – und stellt nach der üblichen sozialen (allerhöchstens fünfminütigen) Gesprächseinleitung auch sofort die alles entscheidenden Fragen:

1. Wer kommt? 2. Wann? und 3. Ist Krischans Zahnprothese wieder von der Reparatur zurück?

Nach kurzen Verhandlungen einigen wir uns dahingehend, dass ich ein komplettes Grünkohl-Set für fünfzehn Personen (ja, wir sind nur 9 plus Dackel, aber sicher ist sicher) kurz vor Ladenschluss bei ihm abholen kann, wenn ich sowieso wegen der Torte zum Bäcker muss. Erwähnte ich bereits, dass der Schlachter ein echt toller Typ ist? Die Torte hatte ich ganz vergessen, ich Schussel aber auch …!

Mein anschließendes Telefonat mit dem Bäcker wird durch laute Selbstgespräche meines geliebten Gatten überlagert, der sich (na, eigentlich mich!) fragt, was es denn wohl für einen Pudding zum Nachtisch gäbe. Pudding? Was denn noch?! Hab ich denn eigentlich überhaupt nix anderes zu tun? Dieses Landleben macht mich völlig fertig! Aber ich werde hier nicht alleine leiden und bitte den Mann meines Herzens, schon mal den Hof zu kärchern, die Einfahrt zu fegen und die massiven Terrassenmöbel umzudrapieren. Wenn er weiter nervt, kann er das auch gern zwei-, dreimal neu machen!

Am frühen Nachmittag begebe ich mich auf Nahrungssuche. Beim Schlachter fange ich an. Er belädt meinen Trecker mit dermaßen riesigen Pötten, dass ich mir schon Sorgen um die Zuladungslast mache. Außerdem kriege ich nicht nur zwei Extra-Tüten (die neuen Fleischsalat-Kreationen für meinen Mann zum Testen und ein paar Leckerlis für Pelle – hoffentlich verwechsele ich das nachher nicht!), sondern auch seine private Handynummer für den schlimmsten anzunehmenden friesischen Essens-Notfall »Es reicht nicht!«.

Schon auf dem Supermarkt-Parkplatz um die Ecke ist

mir ganz seltsam wegen des Grünkohlgeruchs im Wagen. Die Rettungsdecken, die ich halberstickt über das ganze Gerödel werfe, werden ihrem Namen nur unzureichend gerecht. Ich hole mir eine Frischluft-Dosis im modern klimatisierten REWE und fülle unseren Getränkevorrat großzügig auf. Die mehrstöckige Ostfriesentorte vom Bäcker passt letztendlich nur noch auf den Beifahrersitz und lässt sich ums Verrecken nicht anschnallen. Mit offenen Autofenstern und im dritten Gang auf Schleichfahrt erreiche ich den heimischen Hof.

Der Countdown läuft unerbittlich. Erstmal das ganze Geschirr verteilen, Pötte auf 'n Herd, Teller auf den Tisch. Mist! Tischdecken vergessen. Noch mal von vorn. Zwischendurch den Pudding machen. Also – das Glibberzeugs eines bekannten Herstellers aus den gekauften Plastiknäpfen im Wechsel mit der Roten Grütze gleichen Ursprungs auf direktem Weg in die gute Glasschale umfüllen. Sieht richtig toll aus. Jetzt noch die verräterischen Umverpackungen blickdicht verschwinden lassen – fast fertig! Ganz wichtig: den professionell geschälten Salzkartoffeln noch ein paar Ecken und Kanten verpassen, damit sie mehr nach mir aussehen. Was für ein Stress!

So eine Abend-Einladung folgt einer streng festgelegten Choreografie. Wenn es um 18:00 Uhr Essen geben soll, empfängt die Hausfrau erschöpft, aber in stolzer Erfüllung ihrer Pflicht glücklich lächelnd die pünktlichen Gäste typischerweise schon kurz nach fünf. Nun kommt es darauf an, den Willkommens-Toast »Vielen Dank, dass Ihr gekommen seid!« schneller auszubringen, als die erste Flasche Korn selbstbedient leer ist. Kurzer Blick über die versammelte Bande – ja, alle haben sich fein gemacht. Zu den

Brotkrümeln auf Fockos Hochzeitsjackett sag ich jetzt mal nix – ist wahrscheinlich auch kein Misstrauensantrag, sondern seine gesunde Vorsicht. Traditionell kommt nun der große Monolog der Gastgeberin über die möglicherweise nicht ganz optimale Qualität des Essens – unter besonderer Berücksichtigung der kulinarischen Fähigkeiten der anderen anwesenden Damen. Ich lasse mir hierbei immer etwas mehr Zeit. Dann fällt es nicht so auf, dass ich eigentlich nur anstandshalber im Essen herumstochere. Außerdem habe ich darauf geachtet, dass ich neben Pelle sitze. Diese pelzige Fressmaschine schreckt vor nichts zurück.

Ohne größere Zwischenfälle geht der Grünkohl-Gang nahtlos in den Pudding über. Bis jetzt hat noch keiner gemeckert. Krischan hat sogar zweimal nachgenommen – Kea guckt schon ganz angesäuert. Die Pause zwischen »Tisch abräumen« und »Torte essen« wird durch ernsthaftes Trinken überbrückt. Man lehnt sich bequem zurück, darf den obersten Hosenknopf öffnen und wartet darauf, dass der Hochprozentige den Magen aufräumt. Das kann dauern. Die Damen ziehen sich gern auf eine Besichtigungstour durch's Haus zurück – als »Händewaschen« getarnt. Damit muss man rechnen und hat besser vorher an *allen* Stellen Staub gewischt, die dem prüfenden Wisch-Finger der Nachbarinnen zugänglich sind. Da die Mädels aber alle kleiner sind als ich, hab ich einen entscheidenden technischen Vorteil – ja, es kommt *doch* auf die Größe an! Irgendwann sind dann alle wieder zum Torten-Essen am Tisch versammelt. Äääh ... merkt außer mir noch jemand, dass es hier irgendwie seltsam riecht? Ha! Kea, Aahlke und Eilsine haben das stundenlange »Händewaschen« nicht nur zur Hygiene-Inspektion genutzt, sondern auch im Badezimmer

»Parfum-Probe« gemacht – und irgendwie sind alle bei der kleinen Nachfüllpackung Luft-Erfrischer gelandet.

Nach der Torte gibt's noch den Absacker und dann das große Finale. Man begleitet seine Gäste bis zum Hoftor und überreicht an der Grenze zur Einfahrt die eingepackten Essensreste zum Mitnehmen. Blöd ist nur, dass ich keine Reste zum Verschenken mehr habe. Die Töpfe sind leergekratzt, die Puddingschüssel hat Pelle ausgeleckt und von der Torte ist nur noch ein großer Fettfleck geblieben. Garantiert wird man mir dieses Fehlverhalten noch sehr lange vorgehalten. (Mentale Notiz: Im nächsten Jahr für mindestens 20 Personen vorbestellen!)

So. Feierabend. *Das* hätte durchaus schlimmer werden können.

PS: Gerade finde ich halb unter dem Sofa versteckt noch ein seltsames Häufchen. Haben Sie schon mal regenbogenfarbene Dackel-Kotze gesehen?

Ganz unter uns:

Endlich weiß ich, woher der Begriff »Land-Flucht« kommt. Gerade, als ich am verregneten Sonntagnachmittag den geliebten Gatten satt und die Hütte sauber hatte, sah ich schon wieder mal den geballten Flash-Mob zum Tee anrücken. Bei Schietwetter kommen die Damen gern »Stadtmenschen gucken«. In Windeseile hab ich Mann und Gepäck ins Auto verfrachtet und konnte Kea, Aahlke und Eilsine schon mit laufendem Motor die Kuchenpakete abnehmen und »Tschüß« sagen. So eine ausgedehnte Tee-Zeremonie bis Sonnenuntergang hätte mir gerade noch gefehlt. Leider trieb mein Fluchtreflex wieder einmal den Tacho hoch und ich muss gleich mal recherchieren, was es kostet, wenn man die unverbindlich empfohlene Mindestgeschwindigkeit um ungefähr die doppelte Mehrwertsteuer plus Allrad-Zuschlag überschritten hat.

Mentale Notiz: Unbedingt am nächsten Wochenende aus der Stadt einen angeschmutzten weißen Baumwollhandschuh mitbringen! Wozu ich den brauche? Ja, wir sind doch bei Tant' Kea zum Essen eingeladen und ich hatte mir schon lange vorgenommen, dieses CSI-verwertbare Schätzchen als Abschiedsgeschenk unübersehbar so zu drapieren, dass es hinterher für stundenlanges Grübeln sorgt.

Das habe ich nicht verdient …!

Ich weiß jetzt nicht, ob Sie meine nächste Nachbarin Tant' Kea kennen – aber wenn Sie sie einmal gesehen haben, werden Sie sich bestimmt an sie erinnern. Kea liebt es nämlich bunt. Zumindest in optischer Hinsicht. Schon ihr Vorgarten sieht aus, als wäre eine Bombe in 'nem Tuschkasten explodiert – und dieser Anblick ist meistens nur ein sehr kleiner Vorgeschmack auf ihr jeweils aktuelles Tages-Outfit. Kea kombiniert mit Wonne (und Vorsatz!) Farben, die in der Natur *so* nicht vorkommen mit Mustern, die ein verzweifelter Designer im Drogenrausch erfunden hat. »Pastell« kennt sie nicht und »gedeckt« hält sie für ein Schimpfwort. Wir reden nicht über das Alter einer Dame – lassen Sie es mich so formulieren, dass Tant' Kea mit deutlich über 70 noch den Deich zum Glühen bringt. Natürlich setzt sich der wilde Farbenrausch auch in ihrem Häuschen fort. Wenn man sie besucht, ist einem schon vor dem ersten Getränk schwindelig. Nur ihr Krischan ist eine (optische) Insel der Ruhe. Als alter Sturkopp, der er ist, besteht er ungefähr seit der Goldenen Hochzeit darauf, sich seine Klamotten selbst auszusuchen. Diese Tatsache ist ein (weiterer) Grund für die permanent schwelende Missbilligung zwischen den beiden. Sozial gesehen ist ein

Abendessen bei Familie Harms ein Blindflug durch heftig vermintes Gelände. Aber wir waren ja nicht allein. Die ganze Deich-Gang saß schon in der guten Stube versammelt und hatte bereits ordentlich vorgeglüht. Blöderweise waren nur noch die beiden Stühle frei, die sonst zu Repräsentationszwecken im Besuchs-Zimmer (nur reingucken, nichts anfassen) stehen. An den Dingern ist an sich nichts falsch, so lange man nicht darauf sitzen muss. Ich bin mir ziemlich sicher, dass die Rückenlehne allerhöchstens 85 Grad von der Sitzfläche hochsteht und auch diesen Winkel kann man wegen der handgedrechselten Verzierungen nicht zur Gänze ausnutzen. Wenigstens blieb mir durch die zwangs-hockende Haltung der permanente Blick auf das Monumentalgemälde mit dem röhrenden Hirsch im Barockrahmen erspart. Dafür hatte ich freie Sicht auf die Gastgeberin – und wenn ihr bis jetzt keiner gesagt hat, dass sie einen pinkfarbenen Lockenwickler über dem rechten Ohr zu sitzen hat, will ich ganz bestimmt nicht die erste sein. Vielleicht war's ja auch Absicht. Bei Kea weiß man nie. Aber eins ist sicher: Sie kocht wie eine Göttin. Und im Updröögt-Bohnen-Fressrausch hält man sich nicht an Kleinigkeiten auf – da geht's ums große Ganze.

Zwischen Fleisch-Gang und Kuchen war ich selbstverständlich »Händewaschen«, hab ausgiebig in der ganzen Hütte nach einem Ehrenplatz für den angestaubten Putzhandschuh gesucht und ihn letztendlich auf dem Küchenfensterbrett mit »Zeige-Richtung« Spülstein deponiert. Bei meiner Rückkehr zum harten Kern waren die Damen gerade dabei, Keas unzählige Handarbeits-Kreationen der letzten Wochen zu begutachten. Immerhin ist in sechs Wochen Weihnachten! Da muss man sich doch schon mal

Gedanken um die Deko machen. Und um Geschenke. Und überhaupt! Die aufkommende Hausfrauenpanik konnte mit Hochprozentigem nur unzureichend unter Kontrolle gebracht werden. Meine Mädels wurden immer aufgeregter. Heute weiß ich gar nicht mehr, wer eigentlich damit angefangen hat – aber auf einmal redeten alle zugleich und wild durcheinander davon, wie schön es wäre, doch nächste Woche fix zum Shoppen in die Stadt zu fahren. »Und dann holst Du uns am Bahnhof ab und wir gehen fein einkaufen!« Es hat eine ganze Weile gedauert, bis ich merkte, dass »Du« »ich« sein sollte. Die Begeisterung über diese pseudo-grandiose Idee hatte schon das Männer-Ende der Tafel erreicht. Die Vorfreude auf einen frauenfreien Wochentag riss Claas, Krischan und Focko in einen wahren Freudentaumel. Vollinhaltliche Zustimmung – aber sowas von! Als ich endlich Blickkontakt mit dem Mann meines Herzens aufgenommen hatte, war alles zu spät.

Gut – ich muss hier schnell was Persönliches einschieben. Die meisten von Ihnen wissen, dass ich meinen Willem liebe. Meistens wie verrückt. Ich sage ihm das natürlich gern und häufig. Wegen seines überschäumenden kreativen Temperamentes kriegt er jedoch genau so oft von mir ein nachdrückliches »Sag! Jetzt!! NICHTS!!!« zu hören. Warum musste er sich aber gerade *heute* daran halten? Freundliches Schulterzucken und breites Grinsen – mehr war nicht zu erwarten. Es ist also eine beschlossene Tatsache und die ganze traurige Wahrheit, dass Kea, Aahlke und Eilsine nächste Woche auf Große Fahrt gehen, unsere City stürmen und ich das zweifelhafte Vergnügen habe, anschließend die ganze Bande samt Beute im Trecker zurück nach Hause an den Deich zu kutschieren. Ich hab dann versucht, ein bisschen schneller zu trinken, aber die Idee wurde in keiner Weise verlockender. Ist sie immer noch nicht. Irgendwie sagt mir mein angeborener Pragmatismus, dass jeder Widerstand zwecklos ist. Am besten, ich schaue mir schon mal den Wetterbericht an. Vielleicht kommt ja ein etwas hellgrauerer Tag, an dem Sonnenbrille und Ganzkörper-Vermummung weniger peinlich als ein Rudel-Auftritt im friesischen Gesamtpaket sind.

Im Kaufrausch

Immer, wenn ich die traumatischen Erinnerungen an die Einkaufsaktionen der Vorjahre zumindest ansatzweise verdrängt habe, steht schon der nächste Shopping-Trip wieder vor der Tür.

Ich bin also pünktlich am Bahnhof unserer Fast-Großstadt und nehme meine Mädels in Empfang. Natürlich sind sie die letzten, die den Zug verlassen – aber auch mit Abstand die lustigsten. Alle drei frisch vom Friseur, stadtfein mit Kirchen-Kostüm (inklusive Bernsteinkette) und Kroko-Imitat-Handtasche – allesamt *sehr* rotbackig. Unter uns: Ziemlich angeschickert. Mal im Ernst, Mädels – habt ihr was getrunken??? Ach, na ja … nicht der Rede wert … aber wo Du schon fragst … kannst' mal die leeren Flaschen für uns wegschmeißen? Ich entsorge gekonnt 'ne staubtrockene Buddel Sekt, ein ehemaliges Fläschchen Sanddornlikör und eine Handvoll Jägermeister-Minis im städtischen Müll, während mir der ortsansässige Penner respektvoll zunickt. Erwähnte ich bereits, dass die Anreisestrecke gerade mal eine Haltestelle mit der Regionalbahn betrug?

So. Was jetzt? Erst mal stehenbleiben und staunen.

Wir zelebrieren einen Vier-Personen-Stau an der schmalsten Stelle des Einkaufs-Tempels. Um uns herum tobt der freitägliche Shopping-Wahnsinn. Überwältigend! So viele Leute! Und wie die aussehen … kann ja wohl nicht! Halbnackt! Bei *diesem* Wetter! Haben die denn keine Mütter? Die sehen ja aus wie … ich mag das gar nicht sagen! … darf man das hier in der Stadt überhaupt?

Vorsorglich hatte ich mich schon seit den frühen Morgenstunden in einen Nirvana-ähnlichen Zustand meditiert und bitte Tant' Aahlke freundlich, aber bestimmt, einfach mal ihre Brille zu putzen und aufzuhören, den H&M-Schaufensterpuppen vorsätzliche Prostitution zu unterstellen. Reißt euch zusammen – die Leute gucken schon!

Nun ist es so, dass es in unserer Ideal-Standard-Einkaufspassage insgesamt drei Klamottenläden gibt, die den Ansprüchen meiner Mädels genügen würden. Die anderen beiden waren in den Vorjahren dran und ich bin mir wegen des hohen Wiedererkennungswertes nicht sicher, ob wir dort schon wieder einkehren dürfen. Deshalb treibe ich unser Mini-Rudel gezielt in die Arme der Brüder »Clemens und August«. Das Verkaufspersonal dort sollte Kummer gewöhnt sein.

Vielleicht müsste ich an dieser Stelle auf unsere sehr spezielle Kommunikationsmethode untereinander hinweisen. Ich spreche mühevoll erlerntes Amtsdeutsch, Kea, Aahlke und Eilsine hingegen ausschließlich Platt. Sie übersetzen sich selbst sogar Zeitungstexte oder Fernseh-Nachrichten zum besseren Verständnis simultan in Regional-Sprech. Manchmal (Meistens. Ziemlich oft.) weigern sie sich, Hochdeutsch überhaupt zu verstehen – zum Beispiel, wenn sich ihre Feriengäste nach zwei Wochen »Urlaub auf dem Bauernhof« zum Frühstück mal eine klitzekleine Abwechslung von Schmalzbrot, Eiern und Speck wünschen. Wenigstens hören sie auf mich. Ab und zu. Gelegentlich. In für sie vorteilhaften Situationen. Also jetzt. Hoffe ich mal. So eng aneinandergeklammert die Mädels auf der Rolltreppe noch waren, so schnell zerstreuen sie sich in alle Ecken des Ladens. Ich atme tief durch und zähle bis zehn. Ungefähr bei »sieben« kommt der erste nebelhornartige Notruf »Kaaaaaareeeeeeeen!« von Kea. Auf dieses Geräusch bin ich perfekt konditioniert und eile zu den Regalen mit den überwiegend pinken Klamotten. Schadensbegrenzend dolmetsche ich den eskalierenden Dialog zwischen Kea und einer beratungswütigen Bekleidungs-Fachkraft dahingehend, dass es hier in der »Girlie«-Abteilung (Nein, Kea, das ist *kein* Schweinkram!) nichts in Größe 46 gibt – Schluss, aus! Geh weiter, da hinten haben sie was für richtige Damen. Ja, es ist ungerecht, dass es da nix rosa-glitzerndes gibt – aber guck doch einfach mal ganz genau. Such, Kea, such …! Tut mir leid – ich muss weiter! Im Vorbeilaufen reiche ich Eilsine den Flachmann mit den »Herz-Tropfen« und hetze zur Umkleidekabine, wo Aahlke in einem angeblich bequem geschnittenen Kleiderrock feststeckt. Richtig fest. Es gibt Anblicke, um die man wirklich nicht gebeten hat. Während der mühevollen Befreiungsaktion muss ich mehrfach das beunruhigte Personal davon abhalten, einen Notarzt zu rufen. Eigentlich bräuchten wir das THW – aber das macht wohl keine Hausbesuche. Auch Stretch-Klamotten haben eine Schmerzgrenze und sind nur bedingt leidensfähig. Letztendlich ist alles mehr oder weniger gut gegangen. Hat nur ein bisschen länger gedauert. Schnell ein Schlückchen für den Kreislauf. Auch die Verkäuferinnen machen mit. *Das* haben wir uns redlich verdient. So – jetzt noch jede *eine* Winterjacke … und dann nix wie raus hier … erst mal 'nen schönen Kaffee auf den Schreck. Beim Edel-Italiener sind die Tassen reichlich klein, aber nach dem dritten Espresso erreicht die Herzfrequenz der Damen ungeahnte Höhen. Nur unser Deich-Dickerchen ist ein bisschen geknickt. Ihre zwei Tagetaschen nehmen sich neben der Gesamtausbeute der anderen beiden auch ziemlich mickrig aus. Moooment! Ich lasse Kea und Eilsine auf einen ganzen Haufen virtuelle Bibeln schwören, dass sie sich nicht von der Stelle rühren und zerre Tant' Aahlke nach nebenan zum offizielle Übergrößen-Ausstatter. Für diese geniale Idee muss ich mich mal selber loben. Sonst tut's ja eh' keiner. Die haben dort *alles*! Sogar große Umkleidekabinen. Aahlke shoppt sich 'nen Wolf. Nach anfänglichen Irritationen in der Wäscheabteilung sackt sie sogar Schlüpper und BHs ein, die schon in Normalgröße als ziemlich gewagt durchgehen würden. Hossa! (Nein, ich bringe es nicht übers Herz, ihr zu verraten, dass diese »tragenden Teile« mit Sicherheit keine korrekt friesische 90-Grad-Wäsche überstehen werden. Manche Erfahrungen muss man selbst machen.) Aahlke ist glücklich. Sie streichelt ihre Neuerwerbungen ein ums andere Mal, drückt die Verkäuferin – und mir ihre Einkaufstüten in die Hand. Guckt mal, Mädels, was ich gefunden habe! »Was« ist ausgerechnet ein (sehr großer) schwarzer Spitzenschlüpfer mit dem dazu passenden Doppelzelt-Oberteil. Begeisterung im gesamten Café. Eilsine wird blass, Kea grün. »Wo?« und »Ich will auch …!« ist das letzte, was ich höre, bevor die Horde nur noch einen Kondensstreifen hinterlässt und hinterm Horizont verschwindet. Nach anderthalb Stunden weise ich die Damen darauf hin, dass es draußen langsam dunkel wird. Großes Aufkreischen: »Oh Gott – wir müssen nach Hause!«, »Teezeit ist längst durch, nun aber fix!« und (als

Klassiker) »Hol schon mal den Wagen!«. Voller Überzeugung, moralisch im Recht zu sein, rangiere ich den Trecker in die Ladezone unserer Mini-Mall. Sicherheitshalber halte ich mich auf dem Nachhauseweg ungewöhnlich strikt an die Geschwindigkeitsbegrenzung.

Komisch. Wenn ich vorschriftsmäßig fahre, will niemand ein Foto von mir machen. Aber, hey – ich hatte echt nicht gedacht, dass die kaum 30 Kilometer bis zu uns an den Deich so dermaßen lang sein können. Vor allem, als die Mädels an die Likör-Reserven gehen und anfangen, zu singen. Ich bin echt froh, als wir unsere Hofeinfahrt erreichen. Am liebsten hätte ich wohl gern die Klinker geküsst – wenn da nicht noch ein winziges Problem gewesen wäre: Wem gehören welche Tüten?

Während ich den Trecker auslade, machen es sich die Shopping-Queens in unserer Küche gemütlich. Sie sind gerade beim zweiten Grog, als Claas am Telefon wissen will, ob er denn wohl noch mit Abendessen rechnen könnte. Ich bitte ihn, eben fix auch Krischan und Focko zu informieren, dass die geliebten Gattinnen unverzüglich sofort auf der Stelle bei uns eingesammelt werden können. Inzwischen wird nämlich langsam der Rum knapp. Der Abholvorgang selbst zieht sich naturgemäß in die Länge – der Rum ist endgültig alle (und der Kräuterlikör sowieso), als die ganze Bande samt Gepäck endlich vom Hof ist. Ja, ja … *das* müssen wir unbedingt demnächst noch mal machen. Wirklich! Aber gern! Mit Vergnügen! Ich glaub sogar, dass ich im Oktober 2018 möglicherweise vielleicht noch ein Terminchen frei hätte. Ruhig immer mal nachfragen …!

Und nun verrate ich Ihnen ein Geheimnis. Kurz vor Mitternacht, als ich noch mal im Garten war, um den Igel nachzufüttern, brannte sowohl bei Kea, Aahlke als auch Eilsine noch Licht. (In den SCHLAAAFZIMMERN. Aber das dürfen Sie bitte nicht weitersagen.)

Ganz unter uns:
Gestern war ein herrlich ruhiger Tag. Nach dem anstrengenden Kaufrausch waren meine Deich-Ladies anscheinend zu erschöpft, um zu völlig schrägen Zeiten unangemeldet bei uns reinzuplatzen. Erst weit gegen Mittag hockte Claas mit einem geradezu unanständig selbstzufriedenem Grinsen auf seinem Rasentraktor und hat unseren Hof nicht nur sauber, sondern porentief rein gefegt. Das war ungefähr zu der Zeit, als Focko damit fertig war, unseren Trecker abzufeudeln und kurz bevor Krischan ein kleines Fresspaket mit ungefähr 40 Eiern brachte, damit wir die Woche in der Stadt überleben. Tja. »Shoppen« macht anscheinend doch glücklich ...!

Tant' Kea packt aus

(aus dem Ostfriesischen übersetzt mit Google Translator)

Hallo. Haaalloooo??? Sind Sie da? Moin zusammen. Hier spricht Kea Harms, geborene Poppen! Soll ich LAUTER reden oder geht's so? Ich muss Ihnen mal ganz nötig was erzählen. Sie lesen hier doch immer was von der Karen und finden das vielleicht ganz lustig. Aber so komisch ist das gar nicht. Vor allem Karen. DIE! Sollte mal ganz fein ruhig sein. Ich mag Ihnen das gar nicht sagen, aber wir waren alle total geschockt, als unser Willem die geheiratet hat. Der hätte JEDE haben können! Und dann kommt er mit sowas nach Hause. Aus der Stadt. Viel zu jung. Und »studiert« – na, gaaanz toll. In der Stadt haben die Leute sowieso alle einen Knall. Die Klamotten, die die tragen, würde ich nicht mal in die Altkleidersammlung geben. Schämen würd' ich mich! Überhaupt nix Gediegenes dabei. Alles Fetzen. Da sind ja meine Feudel akkurater. Die kann man wenigstens ordentlich bei 90 Grad waschen. Hab das mal mit Karens Nietenhosen gemacht. Was war das für ein Gezeter! Angeblich teuer und »Diehseiner« und was nicht alles … also, Leuten, die Sachen anziehen, wo ein fremder Name draufsteht und nicht das eigene, fein selbstgestickte Wäschezeichen drin ist, trau' ich sowieso nicht über'n Weg. Die lügen auch bei anderen Dingen – bei der Wäsche fängt's ja nur an! Kochen kann das Mädel nicht für fünf Pfennig. Heißt das heute überhaupt noch so, wo wir doch das neue Geld haben? Na, Sie wissen, was ich meine.

Die Karen hat eine Küche – das glauben Sie nicht – die ist wie im Fernsehen! So ein Ding aus dem Weltraum. Piept und leuchtet in einer Tour. Da wird einem angst und bange. Aber wenigstens ist es da sauber. Kunststück. Wird ja nie benutzt. Nur der Wasserkocher. Und dieses andere Dings. Das mit den Strahlen, wo man Krebs von kriegt. Zum Essenaufwärmen. Was hab ich schon gepredigt, dass sie endlich mal Kochen lernen soll. Die wird sich schon noch umgucken, wenn ihr der Willem wegläuft. Der sieht schon ganz verhungert aus. Manchmal bringe ich ihm auch was Anständiges vorbei. Karen macht ihm ja nur Pizza. Das ist doch kein Essen für einen *Mann*! Überhaupt – Pizza … was ist so toll an einem Hefeteig, der nicht richtig aufgegangen ist – mit Kühlschrankresten obendrauf? Oder mit Ananas. Ananas gehört in die Bowle. Ist mein Apfelkuchen womöglich neuerdings auch Pizza?

Gestern war ich bei Christiansens. Die sind gerade in der Stadt. Da muss man ab und zu schon mal nach dem Rechten sehen. Ob die Fenster zu sind oder von wem die ganze Post ist. Ich hatte Eilsine mitgenommen, wegen der Gesellschaft. Aahlke war schon Mittwoch da. Wir waren extra warm angezogen, weil das ganze Haus so kahl und weiß aussieht, dass man 'ne Gänsehaut kriegt. Gemütlich wie eine Leichenhalle. Eigentlich kann es da gar nicht kalt sein, bei den ganzen Büchern, die die an den Wänden zu stehen haben. Alles Staubfänger, wenn Sie mich fragen. Karen meint ja, sie würde die *lesen*. Hat man sowas schon gehört? Soll lieber Handarbeiten machen – aber das kann sie nicht, die feine Dame. Wozu hat sie denn überhaupt studiert? Ich will gar nicht wissen, was die den jungen Leuten heutzutage beibringen. Nix gescheites – das steht schon mal fest! Eilsine und ich haben uns erst mal einen schönen Grog gemacht. Das heiße Wasser hatte ich von zuhause mitgebracht. In Karens Küche fasse ich nichts an. Der Herd spricht nämlich nur Ausländisch. Anschließend haben wir uns gründlich umgeguckt. Also – der Wäscheschrank von Christiansens – wie bei den Hottentotten. (Was??? Das sagt man nicht? Was denn? Nackte Neger?!) Keine einzige Stoff-Serviette! Nur zwölf Geschirrhandtücher! Völlig lieblos – gar nicht bunt! Jedenfalls hab ich mir gleich einen Stapel von Willems Unterhosen gegriffen – UN-GE-BÜÜÜ-GELT!!! Grauenhaft. Die Arbeit nimmt kein Ende. Eigentlich wollten wir noch eine Runde Grog trinken. Zur Beruhigung. Und gerade, als wir wieder unten in der Küche sind, kommt da dieses »Ding« angerollt. Wahrscheinlich irgend so ein Computer. (Bei Karen ist alles »Computer«.) Surrt und blinkt. Immer um uns rum. Wir konnten uns gerade noch so auf die Sessel im Wohnzimmer retten. Eigentlich hasse ich diese unbequemen Riesenteile wie die Pest. Man kann da nicht drauf sitzen – nur liegen. Und aufstehen geht gar nicht. Aber wenigstens kam der Computer da nicht rauf. Zwei geschlagene Stunden ist der hin und her gerollt. Dann war er auf einmal weg. Wir haben sicherheitshalber noch ein paar Mal gerufen – aber es war Ruhe. Was hatten wir Rücken, als wir endlich von den Lotterbetten runter waren! Jedenfalls sind Eilsine und ich uns einig: Mit der Karen stimmt was nicht. Wenn die in der Stadt dermaßen viel arbeitet, wie sie immer sagt, müsste sie doch wenigstens ausreichend Geld verdienen, dass sie sich ein paar anständige Möbel leisten könnte. Und Teppiche. Von Übergardinen mal gar nicht zu reden. Und einen Fernseher bräuchten die auch. Man langweilt sich noch zu Tode bei denen! Wir haben glatt unsere Serie verpasst. Blöder Roll-Computer! Aahlke meinte ja nachher, das wäre ein Roboter zum Putzen mit 'ner Äpp. Die wusste schon als Kind immer alles besser. Wer putzt denn mit »Äpp«? Heiße Seifenlauge und zweimal nachwischen – so geht das!

Glauben Sie mir etwa nicht? Sie können gern mal bei mir vorbeikommen und wir gehen dann zusammen zu Christiansens rüber. In der Woche stört uns keiner. Da kann ich Ihnen alles zeigen. Ich muss sowieso nachher noch mal hin, Willems Unterhosen zurückbringen. Mit schicken Bügelfalten!

Ganz unter uns:

Gerade im Moment können wir uns am Deich vor Touristen nicht retten. Da kriegt der Begriff »Zugvogel-Tage« eine völlig neue Bedeutung. Naturverrückte Leute fallen in Scharen ein – Eilsines Ferienwohnung ist schon dreifach überbucht. Verständigungsprobleme bleiben nicht aus. Ernsthafte Ornithologen (im schlimmsten Fall mit veganem Hintergrund) wollen nicht unbedingt die Kriegsgeschichten von Claas und Focko hören (»… damals, als wir die Wildenten noch mit Sperrfeuer aus der Schrotflinte beharkt haben…!«) und verweigern dazu bereits beim Frühstück (Schmalzkuchen mit Speck) die Nahrungsaufnahme. In solchen Härtefällen greifen meine Mädels gern zum Telefon und reichen selbiges automatisch an ihre Gäste weiter, damit ich hochdeutsch schadensbegrenze. Je nach Lust und Laune verrate ich den enthusiastischen Outdoor-Fanatikern hochgeheime Insidertipps zum »ultimativen Vögel-Erlebnis« und schicke sie mindestens knöcheltief (und das auch nur, wenn ich gerade gut drauf bin) in die gubbeligen Salzwiesen. Das ist immer eine total ganzheitliche Matsch-Erfahrung. Wenn meine Mädels anschließend die Zimmer putzen müssen, haben sie weniger Zeit, mich mit Panik-Anrufen zu nerven.

Prädikat »pädagogisch wertvoll«

Für Tant' Eilsine tu ich alles. Meistens gezwungenermaßen, gelegentlich sehr gern – aber immer aus tiefster Überzeugung, wenn es um das allgemeine Deich-Wohl geht.

Bei Familie Claasen haben sich mal wieder Feriengäste eingenistet. In den früheren Zeiten des unterirdischen Milchpreises hatte der Fremdenverkehr als lukrative Einkommensquelle durchaus eine Daseinsberechtigung. Aber heutzutage löst schon allein das Wort »Urlauber« die gleiche Begeisterung wie »Kakerlaken in der Großküche« aus. In den Nachrichten von Friesland-TV soll es demnächst sogar aus-gepiept werden.

So fand ich gestern mich pünktlich (und hochmotiviert von zahlreichen in Aussicht gestellten gigantischen Fress-Geschenken) auf dem Nachbar-Anwesen ein, um Eilsines Gäste von noch mehr nachhaltiger Einmischung in die intimsten Hofangelegenheiten abzuhalten. Dort wartete eine Mini-Pädagogen-Gruppe im fortgeschrittenen Besserwisser-Alter auf mich. Alle lechzten sichtbar nach Erbauung. Normalerweise lasse ich mir das nicht anmerken, aber nach dem letzten Online-Kurs »Klugscheißen für Fortgeschrittene« fühlte ich mich dieser Aufgabe noch durchaus gewachsen. Irgendwie irritierte mich das High-Tech-Outdoor-Outfit der Bande. Sicherheitshalber erkundigte ich mich bei Eilsine, was denn an Programm vorgesehen wäre. Lehrern im Bildungsurlaub muss man schon etliches bieten.

»Scheuch die doch ins Watt, 'n paar Vögel gucken. Lass Dir ruhig Zeit dabei. Und pass bloß auf, dass die sich nicht so dreckig machen – ich hab *gerade* gewischt!« Na, denn. Eine namentliche Vorstellung erübrigte sich. Aus dem lebhaften Gespräch der Herrschaften untereinander war ich vollinhaltlich über »Mausebärchen«, »Hasenzahn«, »Schnäuzelchen« und »Schätzelein« im Bilde. Blöde Namen, ich weiß. Aber dafür kann ja keiner was. Die Truppe machte einen durchaus willigen Eindruck und folgte mir widerspruchslos »*Da* lang!«. Dreihundert Meter über den Acker bis zum Deich – erste Ermüdungsspuren bei Hasenzahns Nordic-Walking-Stöcken. Dafür machten sich die gletschertauglichen Wanderstiefel auf den sechs Höhenmetern bis zur Deichkrone mehr als bezahlt. Vierstimmige geschult laute Begeisterungsausbrüche über diese herrliche RUUUHEEE – kurzer Griff zur Wasserflasche – Abstieg in die morastigen Abgründe unserer Watt-Wiesen. Ob Schnäuzelchen und Schätzelein mal kurz das Knutschen unterbrechen und zur Gruppe aufschließen würden?! Schließlich kommt gleich Flut und die Entenschwärme warten auch nicht! Wenn man den offiziellen Salzwiesen-Pfad verlässt, wird's ganz schnell gubbelig. Man guckt besser immer mal, wo man hintritt. Dabei noch bildungsbürgerliche Konversation zu machen, ist schwierig. Mausebärchen schießt von schräg hinten Frage-Salven auf meinen Rücken. Woher ich weiß, wann die Flut kommt, zum Beispiel. Hallooo??? Man kann es hören, riechen (wenn Claas nicht gerade Gülle ausgebracht hat), sehen, in der

Zeitung lesen oder auf dem Handy nachgucken – aber aus Gründen der Folklore biete ich ihm ein bisschen Eingeborenen-Mumbo-Jumbo. Das beeindruckt ihn kurz. Zu kurz. Das Pädagogen-Quiz geht weiter. Wie das zahlenmäßige Aufkommen der »Numenius arquatae« aktuell eingeschätzt wird, ist mir gänzlich unbekannt und, ehrlich gesagt, auch völlig egal. Ich hoffe stark, dass es wenigstens kein Schweinkram ist, antworte mit einer Phantasie-Zahl, gebe eine mehrere Millionen starke Abweichung an, füge ein professionelles »verschiedenen Schätzungen zufolge« hinzu und verleihe meiner Antwort insgesamt einen vorwurfsvollen Unterton. Also – *das* hätte er *eigentlich* selber wissen müssen! Einvernehmliches Schweigen auf den letzten Metern bis zur Watt-Linie. So, nun wollen wir uns alle fein einen Fotostandort suchen. Schnäuzelchen löst sich widerwillig von der Liebsten und packt seine tonnenschwere Ausrüstung aus. Schätzelein macht derweil Selfies. Sonnenbrille hoch, Küsschen ins Display … Sonnenbrille runter – und wieder »Mmmuuuhaaaa«. Dieser Anblick ist mir echt zu pornografisch. Beim diskreten Wegdrehen trifft mich fast der Schlag. Hasenzahn und Mausebärchen haben sich in Tarnnetze gehüllt und sind hinter riesigen Stativen in Stellung gegangen. Das kann auch den militantesten Pazifisten aus der Fassung bringen. Gottseidank sind wir allein auf weiter Flur. Schnäuzelchen diskutiert mit Mausebär beider weltweite Erfahrungen im Bird-Spotting. (»Vögel-Gucken« international) Aussterbende Arten im Regenwald, »unter Geiern« in den Anden – da muss man doch geradezu dankbar sein, dass sie unseren friesischen Deich mit ihrer Anwesenheit beehren. Zwischendurch versucht er, mit knappen Kommandos (»Skalpell!«, »Tupfer!«, »Gegenlichtblende!«, »Nicht DIE – die ANDERE!«) Schätzeleins Aufmerksamkeit zu erregen. Schätzelein ist unwillig und reagiert genervt. Leider kann ich mich nicht vermittelnd einmischen, weil unter Mausebärchens Tarnnetz erstickte Geräusche hervordringen. Große Güte – was hat er denn??? Tja. Auf schlickigem Untergrund einen Klapp-Hocker aufzubauen, ist zwar originell, aber sinnlos. Mit beiden Armen heftig wedelnd kippt er in Zeitlupe rückwärts um. Möglicherweise würde ich ihm vielleicht gern helfen, sehe aber wegen des Camouflage-Umhanges keinen geeigneten überstehenden Körperteil zum Festhalten. Soll Hasenzahn sich darum kümmern – ich fass da nichts an! Beim rettenden Aufspringen löst ihr voluminöses Hinterteil einen astreinen Domino-Effekt auf sämtliche Kamerastative aus. Jetzt hab ich zwar beide Arme voller Elektronik, aber keinen Finger zum Auslösen frei, als sich pünktlich auf die Minute ein Riesenschwarm Flatterviecher direkt vor unseren Füßen niederlässt. *Das* gibt es nur in Friesland.

Leider weiß es gerade mal keiner zu schätzen.

Schätzeleins verlockender Schmollmund ist auf Katzenarsch-Größe zusammengekniffen, als sie Richtung Heimat stürmt. Der ehemalige Mausebär (anscheinend heißt er in Wirklichkeit »Karl-Heinz-ich-habe-Dich-bereits-mehrfach-darauf-hingewiesen«) sieht aus wie ein Erdferkel, versucht aber noch tapfer, sich mit »Ich-möchte-das-hier-nicht-weiter-thematisieren« herauszureden. Aussichtslos, wie Sie sich sicher denken können.

Ich bilde das Schlusslicht unseres ungeordneten Rückzuges, komme aber gerade rechtzeitig auf dem Claasen-Hof an, als das große Finale zwischen Schätzelein und Schnäuzelchen in die heiße Phase geht. Was für ein Wortschatz!

Dazu ist also ein Germanistik-Studium gut! Tant' Eilsine strahlt. Sowas ist besser als ihre Nachmittagsserie! Mit einer Hand kocht sie Grog, mit der anderen telefoniert sie Aahlke und Kea zum Fremdschämen ran. Am geöffneten Fenster der guten Stube verfolgen wir, wie Schnäuzelchen das Wort zum Sonntag kriegt und erfreuen uns an Mausebärs Verfehlungen der letzten zwanzig Jahre. Stereo. Da weiß man gar nicht, wo man zuerst hinhören soll.

Nun stehen die Chancen gut, dass Claasens Ferienwohnungen ab morgen wieder frei sind. Überlegen Sie sich aber bitte, ob Sie buchen wollen. Seien Sie auf jeden Fall äußerst nett zu Ihren friesischen Vermietern. Sonst müssen Sie nämlich mit mir ins Watt!

Ganz unter uns:
Bin gerade auf den Psychotest »Sind Sie naturverbunden?« gestoßen. Spontan hätte ich mich irgendwo zwischen »zwangsläufig« und »muss ja« eingeordnet, wollte dies nun aber etwas genauer wissen. Hmmm. Wie ich zu Walen stehe? Ooooh, die mag ich. Gern sogar! Ich würde vielleicht keinen ganzen schaffen – aber die drei Punkte für ein »Ja« gönne ich mir. Ob ich schon mal einen Baum umarmt hätte? Fix einen unbeobachteten Moment abgewartet, über 'n Hof geschlappt und die olle Kastanie geknuddelt. Das Eichhörnchen hat mir 'nen Vogel gezeigt, aber sonst ist nix passiert. Weder spirituell noch physikalisch. Pffft. Friesland – »ZERO POINTS«! Beim Betreten des Wintergartens erwische ich den Igel, der anscheinend auf der Fußbodenheizung seine Flöhe aufwärmen will. Na, dem hab ich aber was erzählt. Laut, deutlich – und streckenweise sehr undamenhaft.

Damit hab ich für »Sprechen Sie mit Tieren?« den Highscore eingesackt – samt Bonus und Telefon-Joker! Hurra! Jetzt bin ich amtlich »sehr naturverbunden« und grüße Sie fröhlich aus den unendlichen Weiten der grünen Hölle Frieslands.

Aber, Herr Pastor …!

Doktor, Lehrer, Apotheker und Pastor – im traditionellen Landleben respektierte Amtspersonen. Seit Jahrhunderten werden diese studierten Würdenträger in unserem Landstrich geachtet, gegrüßt und beim Stammtisch im Dorfkrug genauestens beobachtet. Diese Tradition stammt aus der Zeit, als es mangels Fernsehen noch keine andere Unterhaltung gab. Ehrlich gesagt, glaube ich, dass das die eigentliche Erfindung des Promi-Hypes war. Wenn der Sohn des Lehrers mit rosa gefärbtem Irokesen-Haarschnitt aus dem Internat zurückkam, war der Gesprächsstoff für mindestens eine Woche gesichert. Oder wenn sich der Doktor beim Preisskat wieder mal den Jägermeister beidhändig an der brennenden Zigarette vorbei in den Hals geschüttet hatte, brachte das selbst die zurückhaltendsten friesischen Gemüter in Wallung.

Die Zeiten haben sich geändert. Im Dorfkrug herrscht jetzt Rauchverbot, der ehemals punkige Lehrerssohn trägt mausbraunen Seitenscheitel und die Pfarrstelle ist seit zwei Jahren unbesetzt. Nun hat es der Oldenburger Kirchen-Obrigkeit in ihrer unendlichen Weisheit gefallen, unserer Gemeinde einen neuen Pastor zu spendieren. Der Job war anscheinend echt schwer vermittelbar. In Sachen »Christianisierung der friesischen Heiden« musste der neue

Bewerber nämlich wieder bei null anfangen. Wie ungern sich unsere Eingeborenen auswärtige Bekehrungsversuche gefallen lassen, ist geschichtlich belegt. Missionare wurden nämlich nicht immer nur einfach ignoriert, sondern häufig kurzerhand mittels stumpfer Gewalt zu amtlichen Märtyrern gemacht.

Während wir noch grübelten, was der Neue wohl Schlimmes ausgefressen haben musste, dass er zu uns strafversetzt wurde, gingen die Umbauarbeiten am alten Pfarrhaus zügig voran. In der einen Woche gab's neue Gardinen, in der nächsten eine riesengroße Satellitenschüssel – und schon hatten wir alle eine fein gedruckte Ankündigung im Briefkasten, dass sich Herr Pastor freuen würde, uns am nächsten Samstag die Einladung zu seinem Antrittsgottesdienst persönlich zu überbringen.

Himmel, hilf – ein Hochdeutscher!

In einer außerplanmäßigen Sitzung des Deichrats bei Aahlke beschlossen wir relativ einstimmig, dass wir uns natürlich für so viel Freundlichkeit angemessen revanchieren müssen. Ziemlich schnell war es ausgemachte Sache, dass wir dem Neuzugang in geschlossener Front begegnen sollten – und zwar bei uns, da wir als Halb-Städter wohl wissen würden, was so ein Pastor gern mag.

Natürlich erfordert ein derart offizieller Kennenlern-Besuch etliches an Vorbereitungen, die meine Mädels aber routiniert erledigten. Ich brauchte bloß für den Tee zu sorgen. Als sich am Horizont langsam ein Scheinwerferpaar näherte, war die Spannung bereits ins Unendliche gestiegen. Der anschließende Einmarsch des neuen Gottesmannes in unsere Küche muss für alle beteiligten Seiten ziemlich schockierend gewesen sein. Sieht sich doch der arme

Kerl einer geballten Hausmacht (9 Personen plus Dackel) gegenüber – man konnte ihm direkt anmerken, wie er in Gedanken die brutalen Todesursachen seiner Amtsvorgänger seit 1248 memorierte. Aber auch wir waren entsetzt. Darf ein Pfarrer eigentlich *dermaßen* klein und – mit Verlaub! – *mickrig* sein? Schieb ihm bloß schnell einen Stuhl unter – der kippt ja gleich vor Schwäche um!

Gut – unsere Gastfreundschaft kann besonders für Nicht-Friesen ziemlich überwältigend sein. Aber was sein muss, das muss sein. Gib dem Jungen doch schnell mal einen richtigen Grog! Der sieht ja ganz durchgefroren aus – wer weiß, wann er das letzte Mal eine warme Mahlzeit hatte …! So ein Pott Grünkohl ist fix warmgemacht – und jetzt wird erstmal ordentlich zugelangt, Herr Pastor! Am liebsten hätten ihn die Damen wohl eigenhändig gefüttert, beließen es aber bei verbalen Nötigungen. Beim anschließenden Frankfurter Kranz hatte Herr Wurmschmitz (fürderhin das »arme Würmchen« genannt) immerhin schon etwas Farbe im Gesicht. Ein leichter Grünstich war dabei, aber das gibt sich sicher mit der Zeit bei unserer guten Landluft. Noch einen Kräuterlikör, Herr Pfarrer? Nein, er hatte nicht den Hauch einer Chance! Inzwischen waren die Männer nacheinander auf dem Hof, um den religiösen Dienstwagen zu inspizieren. Dessen Prognose war anscheinend schlecht, aber nicht hoffnungslos, wenn man den enthusiastisch einsetzenden Werkzeuggeräuschen glauben durfte. Unser Neuer konnte einem echt leidtun: Allein in lebensfeindlicher Umgebung, von Eingeborenen umzingelt, die an ihm heidnische Rituale praktizieren – bestimmt wollte er in seinem ganzen Leben nie dringender nach Hause telefonieren! Das war der Zeitpunkt, an dem mein geliebter Gatte zu einem intellektuellen Besuch in unsere Bibliothek bat. Soll doch keiner denken, dass wir bildungsfern und gänzlich kulturlos wären! Zigarre zum Rotwein, Pastorchen? Erstaunlicherweise schienen sich die beiden sehr gut zu unterhalten. Als ich nach 'ner Stunde mit Getränkenachschub um die Ecke kam, waren Willem und Würmchen in ein zu Herzen gehendes Gespräch vertieft. Ich konnte zwar nix verstehen, aber es wird wohl alt-aramäisch gewesen sein. Oder eine andere zu Recht längst ausgestorbene Sprache, bei der einem wenigstens kein Klugscheißer einen ländlichen Akzent unterstellen kann.

Da haben wir doch bis hierhin alles richtig gemacht, oder? Aber wie werden wir den Pastor jetzt wieder los? Fahren kann er nicht mehr, laufen schon gleich gar nicht. Wie genau Claas und Menno ihn letztendlich in den Schlepper gehievt und ins Pfarrhaus gebracht haben, wird wohl für immer ein Geheimnis bleiben.

Das Geläut zum Antritts-Gottesdienst am Folge-Sonntag kam deutlich verspätet und fiel auch sehr sparsam aus. Herr Wurmschmitz machte am Altar einen relativ schüchternen Eindruck und beantwortete das fröhliche Winken meiner Deich-Mädels auch eher zurückhaltend. Gewachsen war er seit gestern noch nicht, aber man kann ihn bestimmt mit viel Mühe aufpäppeln. Immerhin hat er jede Menge Potential – wir werden schon noch das Beste aus ihm rausholen (ob er will oder nicht!).

Ganz unter uns:
Gerade ist mir eingefallen, warum ich doch nicht gerne reich, berühmt und sexy sein möchte ... es wäre viel zu anstrengend! Boooah, die ganzen Spendenanfragen

und Fanpost zu beantworten kostet doch sicherlich 'ne Menge Zeit, die ich überhaupt nicht habe. Dazu Friseurtermine, Fotoshootings und Fernseh-Interviews – das ganze Landleben geriete aus den Fugen – unverantwortlich! Eigentlich sind »gesund«, »glücklich«, »total verliebt« und »ein bisschen durchgeknallt« völlig ausreichend, um durch den friesischen Alltag zu kommen. Diese Erkenntnis würde aber der gesamten Werbeindustrie so gar nicht gefallen – vergessen Sie also bitte ganz schnell, dass ich es erwähnt habe.

Die Woche mit Wotan

Mit dem bestriechendsten Tierarzt ganz Frieslands befreundet zu sein, ist zu gleichen Teilen Ehre und Herausforderung für uns. Die emotional äußerst explosive Beziehung zwischen Doktor Renken und seinem landschaftsgärtnernden Langzeitfreund Klaus-Dieter hat dazu natürlich auch einen nicht zu unterschätzenden Unterhaltungswert. Was haben wir mit Eike gelitten, als »Didier« anfing, das veterinäre Grundstück korrekt nach Sheng-Pfui mit einer amtlich geeichten Wünschelrute auf geldbringende Wasseradern abzusuchen! Wegen des astronomisch hohen Grundwasserspiegels in unserer Gegend war das arme Sensibelchen hinterher praktisch mental komplett durchgeschüttelt. Und wenn zu nachtschlafender Zeit Dieterles Handynummer im Display unseres Telefons aufleuchtet, wissen wir blind, dass Eike mal wieder durch komplettes zwischenmenschliches Unverständnis geglänzt hat. Da grabbelt man automatisch im Dunkeln schon nach dem Autoschlüssel, während man noch lebenserfahren »Soll ich Wein mitbringen – oder Kettensäge und Mülltüten?« in den Hörer nuschelt.

All unsere Hoffnungen auf Ruhe, Frieden und ungestörten Nachtschlaf ruhten nun auf Wotan. Darf ich kurz ausholen? Kennen Sie die Redewendung »Lehrers Kinder,

Pastors Vieh gedeihen selten oder nie«? Wenn Sie diesen Spruch nun bitte um die Formulierung »und der Hund vom Tierarzt« ergänzen möchten? Mit allen vorstellbaren (und unvorstellbaren) Konsequenzen??? Verstehen Sie mich bitte nicht falsch – nichts läge mir ferner, als meine Mitwesen nach ihrem Äußeren zu beurteilen. Aber Wotan ist und bleibt eine optische Kreuzung aus Fledermaus und Klobürste, selbst mit Welpenbonus und bestem Willen.

Wir wissen nicht, unter welchen falschen Voraussetzungen Doktor Renken ihn adoptiert hat und trauen uns auch nicht, zu fragen. Einzig Wotans überdimensionierte Pfötchen ließen auf zukünftige Größe hoffen – daher auch der Name. Im Laufe der Zeit sind diese noch gewachsen, der Rest-Hund eher nicht so. Möglicherweise hat er deswegen eine Vielzahl von Neurosen entwickelt, die Eikes qualifizierter Meinung nach lediglich Ausdruck seiner Hoch-Intelligenz sind.

Gut – eine gewisse Niedlichkeit ist Wotan nicht abzusprechen. Besonders, wenn er schläft. Vorzugsweise in einem anderen Zimmer. Mit geschlossener Tür. Das passiert aber äußerst selten. Wegen seiner Bindungsstörung. Oder seiner Lactose-Intoleranz. Oder seines Heuschnupfens. Wotan hat eigentlich alles – aber Eike sucht immer weiter.

Anstatt aber nun umgehend bei seiner Berufshaftpflicht-Versicherung anzurufen und sich das Geld für den Grundkurs »Hundeflüstern leichtgemacht« erstatten zu lassen, ist Eike das stolzeste Herrchen der Welt – und Dieter macht mit.

Wotan wird nicht nur vermenschlicht, sondern schlichtweg vergöttert. Es ist schon ein lustiger Anblick, wenn die beiden versuchen, ihren kleinen Liebling nach einer ausgewogenen Mahlzeit (aus brandneuen Ärztemustern) bei Regen überreden zu wollen, wenigstens die ganz kleine Gassi-Runde zu gehen. Meistens endet es damit, dass zwei ausgewachsene Männer mit extragroßen Regenschirmen hinter dem lütten Köter herrennen, um ihm ein angenehm trockenes Pipi-Erlebnis zu ermöglichen. Mit einer Wasser-Phobie ist bekanntlich nicht zu spaßen.

Natürlich haben wir uns mächtig gefreut, als wir zu Eike und Dieters Hochzeit eingeladen wurden. Ihr erster Ehekrach folgte praktisch eine halbe Stunde nach der amtlichen Unterschrift. Virtuelle Fetzen und gegenseitige Anschuldigungen flogen hin und her, weil irgendwie jeder der beiden vergessen hatte, uns zu informieren, dass Wotan doch bitte während der Hochzeitsreise nach Paris bei uns (ja, genau!) bleiben müsste. Konfliktscheu, wie wir sind, versicherten wir auf der Stelle, dass es uns ein ausgesprochenes Vergnügen wäre, den süßen Liebling für eine Woche auf unserer kleinen Farm aufzunehmen und ihm einen artgerechten Aufenthalt zu bereiten. Also – Willem hat's versichert, wenn ich so richtig darüber nachdenke. Er wird natürlich das Gegenteil behaupten – glauben Sie ihm kein Wort!

Wotan war schon öfter bei uns. Deshalb gab es eigentlich überhaupt keinen Grund, erst mal durch die ganze Hütte zu biestern und zur Begrüßung alle Ecken anzupinkeln. Ach – er hat jetzt auch einen Kontrollzwang? Na, dann darf man das natürlich. Kann ich das bitte wegwischen oder muss das so bleiben? Eike bestückte sämtliche freie Steckdosen mit Duftspendern der Marke »Gesäuge-Duft« für ein wohliges Hunde-Unterbewusstsein, während Dieter drei speziell ergonomisch designte Schlafkörbchen im Haus verteilte. Diese Vorgänge wurden mit Wotan intensiv, aber ziemlich einseitig diskutiert. Die vorgekochten Vorräte blockierten unseren halben Kühlschrank, die Notfall-Liste umfasste drei Seiten und der tränenreiche Abschied dehnte sich ins Unendliche. Kurz vor dem Abheben ins Glück kam Herrchens erster Anruf vom Flughafen. Eike wollte sofort umkehren, als der pelzige Nichtsnutz ins Telefon heulte. Er ließ sich auch nicht ohne weiteres die Schnauze zuhalten – Ruhe war erst, als Willem sich praktisch über ihn gelegt und ich beider Gebrüll mit 'ner darüber geworfenen Bettdecke erstickt hatte. So, ihr Lieben – und nun wird fein geflittert. Wir kommen schon klar!

Das war ein frommer Wunsch. In unserer ersten Nacht war an Schlaf nicht zu denken. Weisungsgemäß hatten wir die Endlos-Aufnahme von Wotans offizieller Ein-schlaf-DVD in unser Hightech-Sound-System geladen. Bis in den letzten Winkel des Hauses säuselten die Stimmen von Eike und Dieter sinnfreie Lobeshymnen über Wotan im Allgemeinen und seine Großtaten im Besonderen. Da-von wurde der kleine Kläffer so richtig munter. Erst im Morgengrauen war Ruhe. Da hatte Wotan unser Bett ge-entert. Ich bin nicht unbegrenzt tierlieb und wanderte ins Gästezimmer aus. Das unbewusste Gefühl von unrasierten Beinen war doch arg störend.

Ein paar kleine Irritationen gab es, als Willem das edel dekorierte Hundefutter im Kühlschrank mit seinem Frühstücksangebot verwechselte. So leckere Sülze würde er gern öfter essen! (Nein, ich hab nix gesagt.) Nach der morgendlichen Skype-Session mit seinen Herrchen war der ehemals kultivierte Wohlstands-Wotan wie ausge-wechselt. Er erkundete den Garten, zettelte einen Streit mit Keas Katze an und verabredete sich mit Pelle zu einer ausgewachsenen Schlammschlacht. Dass das anschließende Baden widerstandslos verlief, kann ich nicht behaupten, aber es war ziemlich dringend nötig. Ein herrlicher Tag, der genau bis Sonnenuntergang anhielt. Wotan drehte auf – und wir fast durch. Jaul, fiep, kreisch, kratz-kratz-kratz – mit akustischer Untermalung durch hypnotische Botschaften von den fernen Herrchen. »Wotan ist der schönste, beste, liebste Hund der Welt«?! Aber mal so gar nicht! Aus reiner Notwehr erinnerte ich mich an den Rest vom Valium, das ich damals während unseres Hausumbaus mehr als nötig gebraucht hatte. Kreativ dosiert auf einem feinen Stück Leberpastete wirkte er Wunder. Fix ein paar Beweisfotos vom brav schlummernden Hündchen nach Paris gemailt und anschließend herrlich geschlafen. Alle drei.

Nur – kurz vor der verabredeten morgendlichen Live-Schaltung in die Stadt der Liebe pennte Wotan immer noch und war ums Verrecken nicht wachzukriegen. Es war dann doch ein kleines bisschen mühsam, mit der tiefentspannten Fusselrolle auf'm Schoß handpuppenmäßig am Bildschirm lebendige Anteilnahme vorzutäuschen.

Großes Aufatmen bei allen Beteiligten, als am nächsten Tag der nunmehr hellwache Wotan endlich abgeholt wurde. Blöd nur, dass er sich kurz vorher mit unserem Hof-Igel angelegt hatte. Auf die paar Löcher im Fell wäre es jetzt nicht so sehr angekommen, aber dass mir Eike abends diskret eine Klinikpackung Flohpulver (auch für Menschen geeignet) vorbeibrachte, kränkte mich doch etwas.

Vielleicht sollten wir aber einfach den Anschein von hygienisch bedenklichen Zuständen ein wenig aufrechterhalten – dann bleibt uns Wotan bestimmt auf unabsehbare Zeit erspart.

Ganz unter uns:
Ja, natürlich spreche ich mit Tieren! Auch, wenn ich von vornherein davon ausgehen muss, dass mich die ganze Bande nicht immer hundertprozentig versteht. Das geht mir aber mit vielen Menschen genauso ... pffft! Probieren Sie es mal aus. Suchen Sie sich ein beliebiges Tier in greifbarer Nähe (Anzahl der Beine egal) und texten Sie es zu. Erklären Sie ihm die Relativitätstheorie oder diskutieren Sie Ihre aktuelle Einkaufsliste mit ihm. Im schlimmsten Fall schläft es ein oder verpieselt sich (im Rahmen seiner jeweiligen Fortbewegungsmöglichkeiten). Aber garantiert wird es Ihnen nie widersprechen, Sie mit verständnislosen Zwischenfragen nerven oder vom Thema ablenken. Und das ist doch schon mal mehr, als man normalerweise von seinen üblichen sozialen Bezugspersonen erwarten kann!

Sturm der Liebe

Neulich kam mal wieder einer dieser Anrufe, auf die man beim ersten Frühstückskaffee gut verzichten könnte. Gewohnt gutgelaunt bollerte Claas seine frohe Botschaft ins Handy, doch bitte umgehend bei Focko vorbeizukommen – da könnten wir was erleben! (»Knips-Maschine nicht vergessen und ein bisschen fix, jo!«)

Da ich das möglicherweise einzige Highlight des Tages nicht verpassen wollte, machte ich mich weisungsgemäß auf den halbdunklen Weg. Die komplette Deich-Gang hatte sich bereits hinterm Haus von Janssens zusammengerottet.

Nun ja. Fockos preisgekrönte Edel-Hasen hatten anscheinend vorfristige Frühlingsgefühle bekommen und den gesamten Stall in Grund und Boden karnickelt. Kopfkratzend stand der Hofherr vor den rauchenden Trümmern des postkoitalen Ground Zero, während die sexbesessenen Flauschviecher weitverstreut der sehr freien Liebe frönten. Selbstverständlich wollte ich mich nützlich machen und fotografierte mir 'nen Wolf. Aber ich sollte gar keinen Kaninchenzüchter-Porno basteln, sondern mehr so Beweisfotos für die örtliche Brandkasse machen. Was bei manchen Versicherungen alles von »höherer Gewalt« abgedeckt wird – sagenhaft! Nach ein paar dramatischen Ruinen-Fotos wurde ich zum Hasen-Einsammeln abkommandiert. Sie glauben ja gar nicht, wie hinterhältig diese Biester sind. Und schnell. Sehr schnell. Genau so, wie sich meine Ansichten über einen leckeren Kaninchenbraten änderten. Bis ich die Biester (meiner Meinung nach) vollzählig beisammen hatte, stand der neue Stall (massiv Ytong!) in Parkhausgröße schon fertig da. So einer Herausforderung konnten unsere Männer nicht widerstehen – das läuft wie ein Scheunenbau bei den Amish, bloß ohne Bärte und mit wesentlich mehr Alkohol.

Nach ein paar Tagen hatte ich das ganze längst fast verdrängt, als uns der Wetterbericht einen klitzekleinen Orkan ankündigte. Den haben wir gebraucht – perfektes Timing für Ersatzansprüche durch Sturmschaden. Meine Hardware heulte mit dem Tiefdruckgebiet um die Wette, als sie die Bilder von Fockos ehemaligem Rammler-Domizil ausspuckte. Vom Winde verweht, aber echt jetzt! Leider war gerade niemand vor Ort, um meine Bemühungen zu würdigen. Focko, Krischan und Claas sind nämlich echte Sturmjäger. Auf eine sehr spezielle, friesische Art. Ab Windstärke 12 fahren sie gern gemeinschaftlich Patrouille durch die Nachbargemeinden und gucken, ob irgendjemand ihre angeblich gutgemeinten Ratschläge bezüglich allgemeiner Dachpfannensicherheit und kostenlosen Abtransports des zukünftigen Feuerholzes hören will. Normalerweise kommen sie von solchen Ausflügen satt, spät, angeschickert und mit fetter Beute nach Hause, aber so lange wollte ich nicht warten und rief eigeninitiativ bei der zuständigen Versicherungs-Zweigstelle an. Die mithelfende Gattin des Ein-Mann-Unternehmens war der telefonische Fels in der Brandung und riet mir während der gleichzeitigen Live-Übertragung der Küchengeräusche, unsere Hochglanz-Beweise doch eben fix dem Chef persönlich in die Hand zu drücken – der wäre gar nicht weit von uns entfernt bei einer notfallmäßigen Groß-Schadensaufnahme irgendwo an der Bundesstraße zugange. Und wenn ich ihn sehen würde: Essen ist gleich fertig!

Man will ja nicht ungefällig sein. Durchaus kooperativ schmiss ich den Trecker an und düste los, um unsere Hauptverkehrsader abzusuchen. Ist doch alles sehr übersichtlich bei uns. Nach ein paar Kilometern hatte ich einen echten Menschen-Auflauf vor einem gepflegten Einzelgehöft im Visier. Das muss es sein! Dramatik pur – nur noch ein freier Parkplatz. Normalerweise brauche ich ja mindestens zwei, aber im Adrenalinrausch wächst man über sich hinaus.

Große Güte – was ist denn hier passiert? Ein abgeknickter Baum hatte etliche Autos mit auswärtigen Kennzeichen blockiert und eine unschöne Delle im Obergeschoss des Haupthauses hinterlassen. Das sollte doch eigentlich Grund zu Betroffenheit und Mitgefühl sein?! Hat denn schon jemand Krankenwagen und Feuerwehr angerufen? Hallo??? Die Stimmung der wogenden Menschenmenge blieb unverändert entspannt mit Tendenz zu »unangemessen fröhlich«. Mehrere attraktive Mädels kämpften sich mit Getränken und Häppchen durch den Wind über 'n Hof, um die stetig wachsende Besucherzahl gastfreundlich zu versorgen. Focko, Claas und Krischan hatten Plätze in der ersten Reihe ergattert und sichtlich Spaß.

Mein Engagement in Sachen Versicherungsschaden wurde hochgelobt. Jo, der Brandkassen-Typ ist irgendwo da in der Hütte, den gehen wir jetzt mal suchen – trink aus, bestimmt gibt's gleich noch mehr! Korrekterweise hätte ich an dieser Stelle Focko den bebilderten Schreibkram in die Hand drücken und mich zurückziehen können. Was gehen mich fremde Kaninchenställe an?

Jedoch – von Pflichtbewusstsein und Neugierde gleichermaßen getrieben, schloss ich mich den Jungs auf dem Weg nach drinnen an. Nennen Sie mich ruhig konservativ oder ignorant – aber ich war tatsächlich noch nie in einem Bordell. Ja, was glauben Sie denn, wo wir hier sind? In unserem lokalen Puff, wenn Sie so wollen. Was meinen Sie, woher der Begriff »Land-Strich« kommt?! Natürlich haben wir sowas in Friesland. Unsere Männer brauchen das selbstverständlich nicht, aber diese Stadtleute kriegen manchmal arg seltsame Anwandlungen – und wo sollen die Armen dann hin?

Unseren zuständigen Schadensbezahler trafen wir bei Sekt und Zigarre angeregt plaudernd in den hinteren Büroräumen des Etablissements – zusammen mit der optisch völlig unspektakulären Geschäftsführerin, dem örtlichen Baustoff-Händler, einem sonnenbebrillten Lokalpolitiker und dem Vorstandsvorsitzenden der Krankenkasse. Das nenne ich jetzt mal echt engagierten Einsatz. Die müssen ja praktisch die ganze Nacht durchgemacht haben, um so früh schon hautnah an der Basis zu sein – alle Achtung, die Herren! Soll ich vielleicht irgendjemanden von Ihnen nach Hause fahren, bis Ihre Dienstwagen wieder freigeschaufelt sind? Nein, das muss Ihnen jetzt nicht peinlich sein – mir passiert das auch andauernd! So ein Baum fällt doch schnell mal um und bei uns sozusagen routinemäßig mehrmals wöchentlich auf ein wildfremdes Auto – da machen wir echt keine große Sache von! Und außerdem weiß ich, wer Sie sind und wo Sie wohnen, weil ich Sie aus der

Stadt kenne und im Bedarfsfall immer mal wieder an den heutigen Tag erinnern werde, jawoll! Ätsch!

Mein diskreter Shuttle-Service wurde gern angenommen. Es geht doch nichts über einen seriösen Eindruck, nicht wahr?

Nach längerem Grübeln fiel mir auf der Rückfahrt endlich ein, woher ich das hinreißende blonde Zwillingspärchen kannte, das meine Fahrgäste so überschwänglich mit besten Wünschen für ein baldiges Wiedersehen verabschiedet hatte. Nun bin ich tatsächlich guter Hoffnung, dass ich zukünftig beim Zahnarzt meines Vertrauens nie wieder wochenlang auf einen VIP-Termin warten muss.

Ganz unter uns:
Wenn es dem Friesen zu wohl wird, geht er raus zum Boßeln. Das ist kein Schweinkram, sondern ein todernstes Mannschaftspiel mit unhandlichen Kugeln, bei dem es darum geht, eine gewisse Wegstrecke mit möglichst wenigen Würfen zu absolvieren. Als ernsthafter Vereinssport wird Boßeln im organisierten Ligabetrieb gespielt. Bei freundschaftlichen Begegnungen im Amateurbereich sind Alkoholexzesse und brutale Übergriffe zwischen den gegnerischen Fanblocks Ehrensache. Doping wird stillschweigend geduldet.
Boßeln – ein Riesenspaß für die ganze Familie!

Läuft…!

Mit der gleichen Verbissenheit, mit der Oxford gegen Cambridge rudert, wird bei uns am Deich seit 1363 der jährliche Boßel-Wettkampf ausgefochten. Unser »schönstes Ende der Welt« tritt dabei gegen die Recken des stammdörflichen Vereins »Hau wech« an. Nichts liegt uns dabei ferner als der olympische Gedanke »Dabei sein ist alles« – nein, wir wollen gewinnen oder bei dem Versuch sterben. Die anderen auch. Leider. So wird aus einem ganz normalen Freundschaftsspiel häufig ein Duell auf Leben und Tod. Auch, wenn seit langem die abgeschlagenen Köpfe von Frieslands Feinden nicht mehr als wettkampftaugliche Wurfgeschosse zugelassen sind, enden die meisten Lokalderbys blutig. Spätestens bei der Nachbesprechung im Dorfkrug.

Ich will Sie jetzt nicht mit historischen Hintergründen langweilen. Auch Wurftechniken, Materialkunde und immerwährende Rekorde stehen hier nicht zur Debatte. Dass es für unsere ländlichen Ballspiele hart umkämpfte Spielklassen bis hin zur Champions-League gibt, ist für Sie sicher weniger interessant als die Tatsache, dass Sie auf jeden Fall extrem defensiv fahren sollten, falls Sie auf Ihrer Urlaubstour über abgelegene Landstraßen durch amtliche Verkehrsschilder »Vorsicht, freilaufende Boßler« gewarnt werden. Rechts ran und Augen zu, wenn Sie am Leben hängen – das ist kein Ostfriesenwitz!

Was Sie unbedingt verinnerlichen müssen: Boßeln ist nicht nur Breitensport, sondern Nationalheiligtum. Der Friese lernt erst laufen und gleich danach boßeln. Die inbrünstige Zugehörigkeit zu einem Verein ist auf dem Land Erbgut. Es ist durchaus nicht ungewöhnlich, dass sich herausragende Spieler-Legenden mit ihren jeweiligen Lieblingskugel-Sets beerdigen lassen. An dieser Stelle zu grinsen, wäre höchst pietätlos – aber stellen Sie sich mal die Gesichter der Archäologen vor, die *das* in dreihundert Jahren ausbuddeln …!

Zurück zum Geschehen. Ungefähr um Neujahr herum beginnt für uns die heiße Phase der Wettkampfvorbereitung. Die Aufstellung einer Mannschaft mit strategisch durchdachter Positionierung der einzelnen Werfer erübrigt sich von selbst. Um überhaupt auf die erforderliche Team-Stärke zu kommen, sind die Auswahlkriterien eher allgemein gehalten. Eigentlich ist Spontanatmung das einzige Erfordernis. Für die Ehre unserer Mini-Siedlung müssen alle wehrfähigen Männer an den Start. Außerdem konnten wir Doktor Renken als Gastspieler verpflichten, weil er gut zu unserem größenmäßig beeindruckenden XXL-Friesen-Rudel passt. Als Ersatzmann fungiert Pastor Wurmschmitz. Der kann zwar nicht werfen (wahrscheinlich nicht einmal verletzungsfrei eine Kugel halten), aber es ist einfach zu riskant, auf allerhöchsten Beistand zu verzichten – und sei es nur durch die Hilfe von Gottes Bodenpersonal.

Natürlich gehört es sich, vor so einem Event anständig zu trainieren. Das nehmen sich unsere Recken jedes Jahr vor, bleiben aber meist beim theoretischen Teil (Diskussion der historischen Heldentaten und Herabwürdigung des athletischen Zustandes der Gegner) hängen. Mit den dazu passenden Getränken steigen die anzunehmenden Siegeschancen allabendlich ins Unendliche.

Auch das Unterstützungs-Team läuft warm. Ja, es gibt beim Boßeln tatsächlich offizielle Cheerleader. Landessprachlich heißen sie »Käkler« und »Mäkler«. So ein Fan-Block hat nicht nur dekorative Aufgaben, sondern ganz und gar praktische. Organisation des Verpflegungsnachschubs, zum Beispiel. Und Beschaffung der Wettkampf-Anzüge – ganz wichtig. Was glauben Sie, wie schnell ein Durchschnittsfriese aus seiner vorjährigen Sportkleidung herauswächst! Nicht zu vernachlässigen ist die soziale Hintergrundarbeit. Meine Deich-Mädels kennen die gegnerische Aufstellung früher als die Nominierten der Dorfmannschaft. Unser Briefträger als potentieller »Gefährder« kriegt seinen täglichen Belohnungstee nur noch mit Wassertabletten. Die Gute-Besserungs-Wünsche für den rückenleidenden Tischlermeister werden im Vorbeiradeln allenfalls halbherzig und mit gekreuzten Fingern ausgebracht. Das muss doch was werden!

Die Auslosung der Wettkampfstrecke haben wir zumindest schon mal gewonnen. Beide Teams starten an unserem Ende der Deichstraße in Claasens Hofeinfahrt und sollten sich planmäßig über sechs Kilometer mit nur einer Kurve bis zum Dorfkrug vorarbeiten. Der Wirt ist auf solche Ereignisse eingestellt und mit Verbandskästen bis zum Abwinken ausgerüstet. Die Gesellschaftsräume sind sowieso überwiegend bis zur Decke gefliest – nicht besonders gemütlich, aber unheimlich praktisch, wenn man hinterher irgendwelches Blut wegwischen muss.

Kalter Nebel liegt über den Wiesen, als sich die Männer an den Start begeben. Zwölf urfriesische Hünen, die sich dem Kampf um die Ehre stellen. Gesprochen wird nicht viel an diesem trüben Morgen – nur gegrunzt. »Moin«, »Hau!« und »Jo« ist das Alleräußerste an Konversation. Das Begrüßungsritual wird durch einen Knochenbrecher-Handschlag mit gleichzeitigem Niederstarren zwischen unserem Spielführer Claas und dem dörflichen Schlachtermeister beendet. Es hätte durchaus noch einen Ticken eindrucksvoller sein können, wenn Krischan seine Zähne gefunden und Menno nicht noch einen halben Liter Zucker-Ei im Gesicht hätte. Warte kurz, Jung, Mama Eilsine wischt Dir das ab!

Die einleitenden Würfe bringen wenig Überraschung. Bei relativem Gleichstand nähern wir uns der ersten Schlüsselstelle. Gut, den Straßenschäden hat Focko neulich ein bisschen nachgeholfen. So ein Frostaufbruch ist ja schnell gemacht, wenn man den Bohrhammer ordentlich auf »Wumms« stellt. In den Grand-Canyon-Ausmaßen von Fockos Machwerk verschwinden etliche Kugeln spurlos. Zeit für angeregte Diskussionen. Schlachter Joosten und Claas Claasen stehen sich Nase an Nase gegenüber und brüllen Spucketröpfchen in die nähere Umgebung. Zweifel an der gegenseitigen Männlichkeit und Überlegungen zum Verwandtschaftsgrad der Eltern sind Hauptthemen dieser männlich-herben Unterhaltung. Dieter hält Wotan die Ohren zu und ich bin froh, dass ich ein Teleobjektiv an der Kamera habe. Leider glaube ich kaum, dass ich diese Fotos aus der freien friesischen Wildbahn weder an National Geographic noch an den Tourismusverband verkaufen kann. Glücklicherweise geht diese erzwungene Trink-Pause ohne bleibende Körperschäden vorbei. Klar, wir stecken ja noch im Warm-up.

Zu einer weiteren Spielunterbrechung kommt es, als Focko sich in seiner ganzen Pracht und Kurzsichtigkeit beim Urinieren in den Straßengraben eine Winzigkeit zu weit vorwagt. Zum Glück ist das Wasser so kalt, das niemandes Gefühle verletzt werden. Sogar Wotan darf die Augen aufbehalten. Nix zu sehen – nix passiert. Nur Pastor Wurmschmitz erleidet einen Schwächeanfall und sinkt in den Bollerwagen mit den Alkoholreserven. Wir wollen es ihm gemütlich machen und trinken schneller. Dann hat er mehr Platz. Bürgermeister Menssen lässt sich konditionsbedingt wegen dringender Amtsgeschäfte als Schiedsrichter auswechseln und übergibt an seinen Kulturdezernenten. Der ist ortsfremd und sowieso chronisch unterbeschäftigt. Hier kann er mal so richtig Kultur lernen.

Gerade nähern wir uns dem Territorium der Dörfler, als Menno mit einem totalen Formeinbruch aufwartet. Trotz lautstark angedrohter Enterbung findet er nicht mehr ins Spiel. Woran mag das nur liegen, dass er mondkalbmäßig in die Gegend starrt, den Bauch bis zur Wirbelsäule einzieht und sich lieber versonnen die Augenbrauen ableckt, statt mit dem einen oder anderen Knaller-Wurf den Gegner zu vernichten? Oh, Gott – da steht ja Insa! Diese miesen Dorfbewohner haben Mennos Schwachstelle gnadenlos unfair ausgenutzt. Insa ist die einzige Frau, für die er vom Trecker-Magazin hochgucken würde – nicht sehr lange vielleicht, aber lange genug, um seine Hormone in Wallung zu bringen. Auszeit, aber sofort! Ich dirigiere meine Mädels als Sichtschutz an den Straßenrand. Obwohl es wahrlich nicht einfach ist, Insa zu verdecken, tun sie ihr Bestes.

Gut – das Schubsen war etwas übertrieben, aber für einen guten Zweck. Krischan hält Menno zur Ablenkung eine Buddel Korn an den Mund, während Claas seinem Junior aufmunternd den Hinterkopf tätschelt. Zu vehement, vielleicht. Jedenfalls hat Menno nun eine Zahnfehlstellung und tröpfelt ziemlich unattraktiv vor sich hin. Insa kann kein Blut sehen und ist schlagartig weg von der Bildfläche. Geht doch!

Der Zieleinlauf am Dorfkrug ist eine verworrene Geschichte. Der Unparteiische hat kalte Füße, einen Anflug von Todesangst und entscheidet salomonisch. Unentschieden? Nie im Leben! Und schon ist der Streit da.

Ich glaube, dass wir ganz dringend einen neuen Kulturverantwortlichen im Gemeindehaus brauchen. Wie ich hörte, wurde die stationäre Reha unseres bisherigen Dezernats-Importes schon zum zweiten Mal verlängert. Hoffentlich wird bei der künftigen Stellenausschreibung explizit auf Trinkfestigkeit und Zweikampfstärke hingewiesen!

Ganz unter uns:

Das enge Zusammenleben hinterm Deich hat durchaus gewisse Reize. An langen Winterabenden diskutieren wir zu Unterhaltungszwecken gern unsere jeweiligen Familienstammbäume. Natürlich nur die richtigen – nämlich die, deren Wurzeln mindestens bis ins 17. Jahrhundert zurückreichen. (Alle anderen sind »Zugezogene«, um die wir uns nicht auch noch kümmern können.) Da kommt pure Freude auf, wenn wir uns an den alkoholbedingten Fahrradsturz von Jan Janssen (1903) oder die Geschichte von Holdine Poppen mit dem Pastor (1882 – 1885) erinnern. Da ohnehin jeder alles über jeden weiß, könnte man ebenso gut auch beim Gemeinschaftsabend der Freiwilligen Feuerwehr im Dorfgemeinschaftshaus nackt auf dem Tisch tanzen und seine aktuellen Kontoauszüge in die jubelnde Menge werfen. Unsere friesische Zurückhaltung verbietet das zwar – aber Sie wissen nun wenigstens, warum unsere Partys immer unheimlich lustig sind.

Im Rausch der Geschwindigkeit

Friesen sind nicht rückständig. Allenfalls bedächtig. Auf Neudeutsch: naturentschleunigt. Aber keinesfalls zurückgeblieben. »Hinter dem Deich« heißt ja nicht »hinter dem Mond«! Wir sind durchaus bereit, unserem Landleben mit moderner Technik (soweit sie langjährig geprüft und für nicht ganz schlecht befunden wurde) den einen oder anderen Pep zu geben. Fernseher, Handys, Computer, Innentoiletten – der Fortschritt lässt sich nicht aufhalten. Krischan will demnächst sogar seinen Führerschein machen. Kriegt man den mit über fünfzig Jahren fast unfallfreier Fahrpraxis nicht sowieso ehrenhalber?

Nur Opa Tammen hat sich bisher erfolgreich dem zeitgemäßen Lebensstil widersetzt. Wir haben echt überlegt, ihn zum nationalen Kulturgut erklären zu lassen und für seinen Anblick Vergnügungssteuer zu erheben. Obwohl der Landkreis sonst immer für mehr Geld empfänglich ist, bekamen wir letztens den Bescheid, dass Herr Tammen bereits in der Kurtaxe inklusive ist. Wenn Sie diese also bezahlt haben (wovon ich stillschweigend ausgehe), gucken Sie genau hin, *wer* Sie auf der Deichstraße wild klingelnd auf einem quietschenden Uralt-Fahrrad überholt. Von rechts. Mit links. Bei Gegenwind. Ohne Zähne und mit qualmendem Stumpen. Die Cordhose in den Gummistiefeln – die speckige Schiffermütze in die Stirnfalten eingewachsen. Verblüffend, nicht wahr? Der Typ ist älter als Gott und hetzt immer noch seinem vollen Terminkalender hinterher, der sich vorwiegend an den Öffnungszeiten des Dorfkrugs orientiert. Manchmal kachelt Opa Tammen auch die Bundesstraße lang. (Vorsicht, bitte!) Dann ist er auf dem Weg zu Tant' Hermanda. Diese knackige Witwe wohnt im Nachbardorf und ist unter vielem anderen für ihren besonders starken Tee berühmt. Mehr müssen (und wollen) Sie nicht wissen! Jedenfalls ist es kein Wunder, dass oll' Tammo immer so in Eile ist. Neulich ist er tatsächlich in 'ner 30er Zone geblitzt worden. Wenn Sie das nicht glauben – sein Zielfoto war sogar in der Zeitung!

Nun sind wir uns alle darüber im Klaren, dass selbst Lance Armstrong nicht allein »auf Apfelsaft« über die Pyrenäen gekommen ist. Aber *die* Tee-Mischung, die Opa Tammen leistungssteigert, haben wir trotz vieler Experimente noch nicht entdeckt. Schade. Wäre eine Marktlücke gewesen.

Ganz widerstandlos wollten meine Deichmädels dieses ewige Überholt-Werden nicht auf sich sitzen lassen. Das inoffizielle Deich-Race nahm bedenkliche Formen an. Bis auf Panzersperren und Nagelmatten haben wir so ziemlich alles probiert. Aber weder ein deftiger Landfrauen-Flirt noch ein aufgehetzter Pelle konnten den Schwarzen Blitz von Friesland stoppen. Deshalb griffen Kea, Aahlke und Eilsine zum Äußersten. Vorsprung durch Technik – E-Bikes für alle (außer Opa Tammen)!

Dafür mussten zunächst einige Hindernisse überwunden werden. Die Dinger sind ja nicht gerade preiswert. Und bis der durchschnittlich geizige Landwirt seiner geliebten Gattin so ein Edel-Teilchen in die Garage stellt, vergeht etliches an Zeit. Was glauben Sie, wie lange Claas, Krischan und Focko ausschließlich Tütensuppe mit Vortagsbrötchen zum Abendessen bekamen? Und außerdem keine soziale Zuwendung erwarten durften? Meine Mädels sind ja nicht doof!

Tja – dann kam der Gemeinschaftsausflug zum Landmaschinen-Verkäufer unseres Vertrauens. Der hat auch Fahrräder im Angebot. Mit allen Schikanen. Man findet sie nur nicht auf Anhieb, weil sie hinter den gebrauchten Schleppern stehen. Bei den Frontladern. Kea wollte ein rosafarbenes, Aahlke brauchte eins in Übergröße. Eilsine ließ sich hüftschwingend vom Chef des Hauses auf einen Tee ins Büro einladen. Claas ging dazwischen. Woanders hätte das als Handgemenge gegolten – in Friesland ist es normales Verkaufsgespräch.

Bis die Damen anschließend mit den High-Tech-Dingern zurechtkamen, bedurfte es noch etlicher Hausbesuche vom Traktor-Dealer. So liebevoll und einfühlsam wie er stellt eben kein anderer die Fahrradsättel ein. Und ein echter Voll-Profi lässt sich nicht mal von 'nem blauen Auge oder gezielten Warnschüssen von seiner Mission abhalten.

Die neue Freiheit auf zwei Rädern hatte auch ihre Tücken. So eine Erweiterung des Aktionsradius ist verlockend. Mich persönlich nervten jedoch kryptische Notfall-Telefonanrufe wie »Ich steh hier beim Schlachter und hab nur noch einen Balken!« mächtig, weil die jeweils betroffene Dame häufig aus Ortschaften abgeholt werden wollte, die ich selbst erst mal googeln musste.

Wenigstens hatten Kea, Aahlke und Eilsine die Genugtuung, auf ihren heißen Teilen immerhin so schnell zu sein, dass sie immerhin ein (sehr) kurzes Stück *neben* Opa Tammen herradeln konnten. Mit etwas mehr Training wäre vielleicht sogar die friesische Ein-Wort-Konversation »Moin!« zu schaffen.

Wir wollen Tammo mal ein langes Leben wünschen. Wenigstens so lange, bis meine Mädels ihre Top-Form erreicht haben.

Nebenbei bemerkt – wenn Sie an unserem schönsten Ende der Welt Ferien auf dem Bauernhof machen, können Sie sich selbstverständlich die Hot Wheels ausborgen. Das kostet natürlich eine Kleinigkeit, aber der Spaß ist unbezahlbar (für uns). Sie werden nämlich ganz schön blöd gucken, wenn auch Sie im Verfolgungsduell mit Opa Tammen nur Zweiter werden.

PS: Wundern Sie sich nicht, falls Sie Tant' Eilsines Bike mit dem bequemen Hundekörbchen am Lenker erwischen. Ja, das riecht ein bisschen streng. Aber weil Sie Pelle inzwischen kennen, wissen Sie: Der Dackel ist nicht dicht!

Bettenwechsel

Friesland lebt traditionell vom Tourismus. Früher hieß das »Strand- und Seeräuberei«, aber am Prinzip hat sich nichts geändert. Klingt halt marketingmäßig besser, bringt wesentlich mehr ein als Torfstechen und hat einen himmelhohen Unterhaltungswert.

Wir lieben unsere Urlaubsgäste heiß und innig. Besonders, wenn sonst nix im Fernsehen kommt. Leute aus der realitätsfernen Fraktion mögen wir ganz besonders. Selbsternannte Friesland-Versteher mit Deichmacke, eben. Gern mit pädagogisch-psychologischem Ansatz, ganzheitlich-ökologischem Hintergrund und antiautoritär erzogenen Kindern. Wenn man den armen Würmchen erst mal die teuren Smartphones aus den kleinen Fingerchen gewunden hat, wird 's meistens richtig lustig. Für uns. Vegetarische Mütter sehen das anders. Pazifistische Väter erst recht. Wenn Tant' Aahlkes selbstangebautes Leberwurstbrot am Ende der Nahrungskette auf dem Frühstückstisch liegt, braucht man nämlich nur aus dem Fenster zu gucken, um deren Anfang zu sehen. Wenigstens hat bis jetzt noch niemand den gedanklichen Zusammenhang zwischen den gemütlichen Lamm-Fellen im Kaminzimmer und der ständig wechselnden Belegung des hofeigenen Streichelzoos hergestellt.

Neulich war ein ziemlich bekannter Fernsehregisseur zu Besuch. Der suchte dringend eine Location für sein neues Gesellschaftsdrama. Bis Krischan, Claas und Focko dahinter kamen, dass mit »Location« nicht der Dorfkrug gemeint war, wurde es draußen schon wieder hell und die Jungs waren hackedicht. Trotzdem hat unser schönstes Ende der Welt optisch gepunktet. Der TV-Fuzzi kriegte sich gar nicht wieder ein bei so viel purer Romantik. Dauernd lief er armwedelnd durch die Gegend und grölte aller paar Minuten begeistert »Hot Shit!«. Man kann über diese bedauerliche Spracharmut geteilter Meinung sein, aber für Krischans dampfenden Misthaufen gibt es nun mal keine treffendere Bezeichnung. Rein PR-technisch gesehen haben uns diese Stadtleute doch einiges voraus. Den »heißer-Scheiß«-Slogan haben wir natürlich gleich in die Online-Werbung für Poppens Ferienwohnung eingebaut. Falls Sie sich darüber gewundert haben – jetzt wissen Sie, was Sie erwartet: Ein exklusiver Panoramablick auf jede Menge frische Fäkalien.

Gerade im Moment müssen wir uns vom Langzeit-Aufenthalt einer äußerst sensiblen Buchautorin erholen. Nein, ihren Namen will ich hier nicht erwähnen. Wir haben jedenfalls so getan, als würden wir sie kennen. Aber das tat nicht mal Google. Besagte Dame wollte sich in der friesischen Abgeschiedenheit der Betroffenheits-Lyrik widmen. Das Projekt lief anscheinend äußerst schleppend. Dauernd saß die zukünftige Erfolgsschriftstellerin bei Eilsine in der Küche, um sich zu beschweren. Der Wind wäre ihr zu laut und die Hähne sowieso. Bei Sonne könnte sie sich nicht auf morbide Gedanken konzentrieren und Nebel würde ihre Inspiration ausbremsen. Regen wäre okay, aber doch nicht so viel …! Auch, wenn sie sich in der »Stadt« nach eigener Aussage allenfalls von stillem Wasser und einem halben Knäckebrot pro Tag (sonntags mit LÄTTA) ernährt hat – das Essen klappte ganz hervorragend. Leider konnte sie wunderbar mit vollem Mund reden – nur eben nicht schreiben. Was vielleicht doch ein Glück war. Nun will sie ganz bald wiederkommen. *Das* können wir hinwiederum sehr gut abwarten, weil wir uns fast einen Wolf geschleppt haben, als wir mit vereinten Kräften nach ihrer Abreise das ganze alkoholische Leergut aus der Ferienwohnung auf drei Glascontainer verteilen mussten.

Zu einer eigenen Spezies von Urlaubsgästen zählt der Besuch von Familienmitgliedern. Selbst, wenn sie noch so nett sind – manche Menschen sind im ländlichen Raum nur bedingt überlebensfähig. Aus ihrem gewohnten sozialen und geografischen Umfeld herausgerissen, können sie echt als friesische Ergänzung zu den sieben biblischen Plagen durchgehen. Man staunt ja immer, wie viele Verwandte man hat, wenn man in einer amtlich wundervollen Gegend wohnt. Da muss man als Gastgeber clever und vorausschauend handeln. Am besten, man weist gleich von vornherein und brutal anschaulich aktiv auf die vielfältigen Härten des Deichlebens hin. Das ist natürlich unglaublich anstrengend, aber essentiell wichtig. Sonst hat man pausenlos die halbe Sippe an der Backe, die unsere besonders kleine Farm mit einem kostenlosen Disney-(Fries-)Land verwechselt.

Aber glauben Sie bitte nicht, dass wir dauernd nur über nervige Touristen herziehen, wenn wir mit dem Geldzählen fertig sind. Selbstverständlich gibt es unzählige liebe Leute genau wie Sie, die uns automatisch sofort ans Herz wachsen und von denen wir uns gar nicht trennen mögen. Wir winken Ihnen beim Abschied hinterher, reservieren Ihnen alle möglichen Wunschtermine und freuen uns über Ihre Weihnachtskarten. Zur Not schicken wir Ihnen auch echt friesische Fresspakete, damit Sie zuhause fein sparen und sich den nächsten Urlaub bei uns leisten können. Das nennt man dann »Gastfreundschaft bis zum Erbrechen«. Deswegen kommen Sie doch so gern her, stimmt's?

Ja, wir kriegen sie alle! »The spirit of Friesland« – einmal erwischt es jeden. »Hot shit« aber auch!

PS.: Als absoluter Lieblingsferiengast mit VIP-Bändchen sind Sie natürlich von allen Lästereien ausgenommen. Aber wenn Sie eben mal kurz das Lesen unterbrechen und sich ein kleines Stückchen aus Ihrem Strandkorb lehnen würden – da rechts schräg hinter Ihnen (bitte etwas *unauffälliger*, wenn's geht!) – *diese* verwirrte Vorzeigefamilie war letztens bei Tant' Kea eingemietet. Und wie es *da* hinterher in der Hütte aussah, wollen Sie gar nicht wissen. *Aber* am Strand einen auf vornehm machen …!

Wenn Sie dies hier lesen können...

... hab ich es endlich geschafft, »Verrückt nach Friesland« fertigzustellen.

Gestern kam der Postbote (samt Praktikantin) und brachte ein Riesen-Paket mit meinen Beleg-Exemplaren. Was das für ein Aufstand war, können Sie sich kaum vorstellen. Für kurze Zeit war unser Hof von Nachbarn überrannt. Jeder wollte die gedruckte Bestätigung seiner Berühmtheit sofort in die eigene Häuslichkeit schleppen. Richtig teure Ferngespräche (sogar bis nach Aurich – das mag man gar nicht glauben!) ließen die Telefonleitungen glühen.

Gut, bis heute hat der ganze Hype etwas nachgelassen. Tant' Kea ist ein bisschen zickig, weil sie gelesen hat, dass wir sie einen ganzen Abend lang mit einem vergessenen Lockenwickler im Haar Gastgeberin spielen ließen. Tant' Aahlke legt Wert auf die Feststellung, dass sie wirklich nur und ausschließlich wegen ihrer Drüsen allenfalls ein klitzekleines bisschen pummelig ist – und der Kleiderrock, aus dem wir sie in der Kaufrausch-Story praktisch rausschneiden mussten, hat ihr sowieso überhaupt gar nicht gefallen. Tant' Eilsine war völlig fertig, dass ihr Claas nicht nur das Wort »Bordell« kennt, sondern sogar weiß, wo das nächstgelegene ist.

Wenn Sie jetzt nicht gerade in Ihrem Strandkorb oder Feriendomizil anderweitig beschäftigt wären, könnten Sie glatt vorbeikommen und sich vom Wahrheitsgehalt meiner Deich-News überzeugen. Unsere Terrasse ist zwar wegen einer spontanen verrückten Friesland-Party aktuell mächtig übervölkert, aber für Sie würde ich glatt noch ein Ehren-Plätzchen finden. Dieter hat sich nämlich vorhin beleidigt schniefend im Badezimmer eingeschlossen, weil Doktor Renken mit den Männern (wieder mal und wie immer!) total stillos Bier direkt aus der Flasche trinkt. Pastor Wurmschmitz möchte gleich nachher ausnahmsweise pünktlich nach Hause gefahren werden, damit er im nächsten Buch nicht wieder nur wegen alkoholbedingter Pflicht-Vernachlässigung erwähnt wird. Immerhin könnte der Landeskirchenrat mitlesen!

Vorhin musste ich Menno vom Rechner wegscheuchen – ich hatte ihm zwar vorsorglich etliche interessante Seiten mit liebevollen Landmädels markiert, aber wenn ich dem Suchverlauf glauben darf, hat er sich wieder nur stundenlang bei einschlägigen Anbietern über allerneuste Trecker-Technik informiert.

Ich würde mich unglaublich freuen, wenn Sie beim Lesen von »Verrückt nach Friesland« genau so viel Spaß hatten wie ich beim Schreiben. Und ich würde Ihnen gern noch viel ausführlicher von »zu Hause« erzählen, aber ich sehe gerade vom Küchenfenster aus, dass Pelle und Wotan (unser pelziges Duo infernale) das ankommende Wohnmobil mit Claasens frischen Urlaubsgästen unter vollem Körper- und Stimmeinsatz brutal in den Straßengraben abgedrängt haben. Ob ich wohl schnell mal mit 'ner Flasche vegetarisch korrektem Kräuterlikör »Moin« sagen gehe?

Hätten die Herrschaften dieses Buch doch bloß vor dem Urlaub gelesen …!

Ganz unter uns:

»It's time to say goodbye…« – irgendwie schade, aber wir sind auf der letzten Seite. Das ist so wie am Deich bei Flut: Weiter geht's nicht! Jedenfalls nicht hier. Natürlich können Sie sich, wenn Sie unbedingt möchten, weiterhin über das Allerletzte aus den unendlichen Weiten von Frieslands grüner Hölle informieren. Dafür müssten Sie einfach im Internet www.neulich-in-friesland.de anklicken. (Für Benutzer der Print-Ausgabe: dieser Link funktioniert nicht im Buch! Das sollten Sie schon kurz mal weglegen.)

An dieser Stelle möchte ich mich außerdem von Herzen bei meinem geliebten Gatten Willem für seine Geduld, die Ermutigung und sämtliche Inspirationen bedanken. Ohne ihn wäre Friesland für mich allerhöchstens das »zweitschönste Ende der Welt«, aber mit ihm ist es mein persönliches Paradies.

Ihnen sage ich fix »Tschüß« und winke vom Deich in Ihre Richtung. Können Sie es sehen?